DIE ANGELONES

Publiziert mit freundlicher Unterstützung von:

Cassinelli-Vogel-Stiftung

Dr. Adolf-Streuli-Stiftung

 Stiftung der Glarner Kantonalbank
für ein starkes Glarnerland

**Stiftung
Anne-Marie
Schindler**

Die Angelones – Pasta, Fussball und Amore
© elfundzehn, Zürich 2022
Ein Verlag der Lesestoff-Gruppe
Gestaltung: www.as-grafik.ch, Urs Bolz
Projektleitung & Lektorat: elfundzehn, Julie Hitz
Korrektorat: elfundzehn, Wai-Sim Linde
Druck und Bindung: PBtisk a.s., Příbram
ISBN 978-3-905769-68-5
Alle Rechte vorbehalten.
Besuchen Sie uns im Internet: www.elfundzehn.ch

elfundzehn wird vom Bundesamt für Kultur
für die Jahre 2021–2024 unterstützt.

DIE ANGELONES
PASTA, FUSSBALL UND AMORE

DER ALLTÄGLICHE WAHNSINN EINER ITALO-SCHWEIZER FAMILIE IN ZÜRICH

RITA ANGELONE

Mit Illustrationen von Leo Kühne

elfundzehn

DAS MACHT ZÜRICH AUS

Liebe Leserin, lieber Leser

Komme ich dazu, Rita Angelones Kolumnen im Tagblatt zu lesen, dann mit grösstem Vergnügen. Sie sind witzig, sie sind süffig geschrieben und sie sind voller Ironie. Nun liegen diese feinen, kurzen Texte, die hundertfach im Tagblatt und im Familienblog www.dieangelones.ch erschienen sind, auch in Buchform vor. Das freut mich. Ich wünsche dem Band mit rund 150 Texten zum – ich zitiere – «alltäglichen Wahnsinn einer italo-schweizer Familie in Zürich» zahlreiche Leserinnen und Leser.

Was macht die Kolumnen so lesenswert? Es ist sicher die Themenvielfalt: Vom Ehemann, der sich von seinem neuen Navi hingerissen verfährt, über neue Bräuche wie Halloween (bitte in Englisch!) bis zu den Familienferien in Italien spannt sich der Bogen. Auch für Menschen ohne Kinder sind die Texte übrigens lesenswert!

Vielfalt ist das Stichwort, das auch die Biografie der Autorin am besten umreisst. Rita Angelone ist Seconda mit italienischem Familienhintergrund. Aufgewachsen ist sie im Glarnerland. Heute lebt Rita Angelone mit ihrer Familie in Zürich. Eine solche Biografie ist typisch für Zürcherinnen und Zürcher. Die meisten von uns, mich eingeschlossen, sind nicht in Zürich aufgewachsen, leben heute aber sehr gerne in dieser grossartigen Stadt. Jedes Jahr ziehen über 40 000 Menschen neu nach Zürich – mehr als die Hälfte davon aus der Schweiz, rund hundert aus dem Kanton Glarus. Gut tausend Glarnerinnen und Glarner leben hier. Und was wäre Zürich ohne die italienische Gemeinschaft? Kaum ein Haus, das in den letzten 150 Jahren nicht von Italienerinnen, Italienern mitgebaut wurde. Oder reden wir vom Fussball: Als der Schweizer Fussball international keine oder nur kleine Erfolge feiern konnte, behalfen sich viele Fussballfans in der Schweiz mit der Squadra Azzurra – weil sie so schön jubelten und weil sie meistens guten Fussball spielten. Von der Gastronomie ganz zu schweigen: Pasta und Pizza, Risotto und Tiramisu gehören längst zu unserem Küchenleben wie Hörnli, Gehacktes, Apfelmus oder Rösti.

Ich wünsche Ihnen viel Vergnügen beim Lesen.

Corine Mauch
Stadtpräsidentin

DAS MACHT GLARUS AUS

Liebe Leserin, lieber Leser

Die Glarner Industriegeschichte führt auf die Blütezeit der Textilindustrie zurück, in der Glarner Wirtschaftspioniere mit Textilien im näheren und weiteren Ausland handelten. Willkommene Arbeitsplätze für die einheimische Bevölkerung, die bald auch Arbeitskräfte aus dem Ausland anzogen, entstanden. Damit einher ging eine hohe Bautätigkeit im gebirgigen Tal der Linth und brachte Arbeit für Bauunternehmer. Nebst dem Glarnerdialekt sind auf den Baustellen vor allem die spanische, portugiesische und italienische Sprache vorherrschend. Firmennamen deuten auf Wurzeln im südwestlichen Europa hin und sind das Ergebnis gelebter Integration.

Am 22. Mai 1864 – drei Jahre nach dem verheerenden Brand in Glarus – wird an der Landsgemeinde über das bereinigte «Gesetz über die Fabrikpolizei» abgestimmt, das einen 12-Stunden-Tag einführt. Schon damals zeigt das Glarnerland seine Innovation. Dieser progressive Entscheid aus dem Jahr 1864 ist der Dynamik der Landsgemeinde zuzuschreiben. Die Bürger beggnen sich jeweils Anfang Mai auf Augenhöhe im Landsgemeindering, um zu mindern und zu mehren. Die Entscheide sind direkt, von und für die «Mitlandlüüt». Das gemeinsame Leben und Arbeiten im kleinen Tal verbindet. Dies ist mit ein Element, weshalb die Integration von Menschen mit ausländischen Wurzeln erfolgreich ist.

Die Biografie von Rita Angelone ist absolut glarnerisch. Als Seconda im Glarnerland aufgewachsen, gilt sie heute als Botschafterin für unseren Kanton in den modernen Medien. Ihre Kindheit verbrachte sie in Schwanden in der heutigen Gemeinde Glarus Süd. Die Strukturen des Dorfes Schwanden lassen die Industrievergangenheit erkennen. Die Bodenhaftigkeit, die von Rita Angelone ausgestrahlt wird, bestätigt diese Umgebung. Diese Bodenhaftigkeit lässt sich auch aus ihren Geschichten ablesen. Sie widmen sich Alltagssituationen einer vierköpfigen Familie. Einfache Dinge, über die man fast kein Wort verliert, bringt sie spannend und zum Nachdenken anregend auf Papier. Mit einem Blick auch auf die Wichtigkeit von gemeinsamen Erlebnissen und Strukturen in einer partnerschaftlich organisierten Familie.

Dass sie heute in Zürich lebt, ist für eine Glarnerin nicht aussergewöhnlich. Zürich und Glarus pflegen eine partnerschaftliche Verbundenheit. Glarnerinnen und Glarner pendeln nach Zürich, wo hochqualifizierte Arbeitsplätze angeboten werden und die Glarner als fleissige Arbeitnehmende sehr willkommen sind. Umgekehrt ist das Glarnerland Erholungsgebiet für Ruhesuchende aus der Metropole Zürich. Die beiden Regionen ergänzen sich und ergeben gemeinsam einen Mehrwert für ihre Bewohnerinnen und Bewohner.

Die Unterschiede von Stadt und Land, südlichem Temperament und Glarner Bodenständigkeit vereint Rita Angelone auf wunderbare Weise. Ich wünsche Ihnen viel Vergnügen beim Lesen der treffenden, amüsanten und ehrlichen Texte.

Marianne Lienhard
Landammann

INHALT

NEUES LEBEN, NEUE RITUALE
Die Dolcefarniente-Lüge 18
Kinderlos in Neapel 19
Die schnelle Retourkutsche 21
Wo bleiben die Räbeliechtli? 22
Zu viel des Guten 23
Die Rückkehr der Könige 24
Wie der Esel am Berg 26
Das Kind im Fussballer 28
Keine Regel ohne Ausnahme 29
Dauerzustand Phase 30
Geiz ist geil! 31
Von Enten und Schwänen 32
Familienferien sind … 34
Ein Schuft, wer Böses denkt 36

**VON DER KINDERKRIPPE
ÜBER DEN KINDERGARTEN IN DIE SCHULE**
Nur das Beste ist gut genug 40
Vertrauen ist gut, «intervenieren» ist besser 41
Das ewige Warten 42
Die Pièce de Résistance 43
Auch Mütter politisieren 44
Das luxuriöse Warten 46
Da sind wir ja grad noch heilig 48
I've got the Blues 50
Das Leben ist gut 51
Der Berg ruft 52
Die Nabelschnur 54
Die Samichlaus-Lüge 55
Mein Ein und Alles 56
Durch Kinderaugen sehen 58
Schlafende Hunde nie wecken 59
Der Himmel kann noch warten 60
Die Unendlichkeit im Zeitraffer 61
Fussball-EM ohne «Kaka»-Stimmung 62

Das Puff-Bigeli 63
Der Geschmack der Kindheit 64

EMANZIPATION UND INTEGRATION
Knabenschiessen sei Dank! 70
Mädchen an die Macht 71
Aus Fiona wird Concetta 72
Mister Obama vs. Herr Zürcher 73
Die Plämperlizeit 74
Leck mich! 75
Räben und Rabeneltern 76
Glück und Geborgenheit 77
The Kindergarten 78
Familienbande 79
Arbeiten geht über Studieren 80
Die Welt der Kinder 82
Wenn sich Kreise schliessen 84
Ode an die Grosseltern 85
Vor den Ferien ist nach den Ferien 86
Secondos zu Hause 87
In der Tschinggei darf man 88
L wie Lernen 89
Der Anruf 90

VON VORBILDFUNKTIONEN UND FÜHRUNGSKAPAZITÄTEN
Vom Regen in die Traufe 94
Wer den Rappen nicht ehrt 96
Der Tschingg in mir 97
Was Hänschen nicht lernt 98
Unser tägliches Brot 100
Perspektive wechseln 101
Früher 103
Es lebe der Sport 104
Führungsschule Familie 105
Von Eseln und Kindern 106
Familienparadies Schweiz? 108
Die Fantasie als Spielzeug 109
Unser Erstklässler in Zahlen 110
Das Besondere liegt im Einfachen 113
Ein Haken mitten im Himmel 114
Raus aus dem Hamsterrad 115
Wie bei den Waltons 116

Am siebten Tag sollst du auch 118
Erinnerungen im Meitli-WC 119
Zum ersten und letzten Mal 121
Direttissima Richtung Pubertät 122
Zurück an den Herd 124
Den Mund aufmachen 125
Von undenkbar zu selbstverständlich 126
Die Feuerprobe 128
Ode ans Turntäppi 129
Gnade dir Gott, wenn «er» kommt 131
Der Duft der alten Zeiten 132
Sch wie Schweizer und Schwimmen 134

IN GUTEN WIE IN SCHLECHTEN ZEITEN

Vereint vor der Kiste 138
Geschenk: Erinnerungen 139
Die Flucht nach vorne 140
Das neue Poesiealbum 141
Zu viel des Guten 143
Lebensschule Kinderflohmi 144
Andere Länder, andere Sitten 145
Vielsagende Zimmerblicke 146
Ein Hoch auf das Schuemächerli 147
Schuster, bleib bei deinem Leisten 148
Von Zigis und vom Zigerschlitz 150
Es ist immer zu früh 151
Verzweiflung und Hoffnung 152
Der Name als Programm 153
In guten und in schlechten Zeiten 154
Die besten Ufzgi ever 155
Das grösste Geschenk 156

STADT, LAND UND DIE WEITE WELT

Frieren anno dazumal 162
Unglaublich, aber wahr 163
Urbanes Naturparadies 164
Familienritual Tanzen 166
Il postino 168
Die Sommerzeitkrise 170
Aufreibender Brüderzwist 171
C'est quoi, ça? 172
Lasst Kinder Kinder sein 173
Die Angelones Go West 174

Alle willkommen!	175
Auf Trink-Tour	176
«Z Rita»	178
Boomerang	179
Weg mit der «Super Mom»	180
Worte und Taten	181
Klimaschutz im Kleinen	182
Auto-Liebe rostet doch	183
Fast so gut	186
Leben in einer WG	187
«Grüne Däumlinge»	189
Die Welt durch Kinderaugen	190
Nachtzug-Revival	191
Das Glück in Zürich	192
Gestern und heute	194
Der Duft von Kindersommer	195
Jeder ein Aktivist	196
Bella signorina	197
Metamorphosen	198
Praktisch lernen	199
Back to the Future	200

KRISEN, CHANCEN UND ZUVERSICHT

Lagerhaltung all'italiana	204
Fürio!	205
Krise als Chance	207
Out of Africa	208
Kleines Wunder	210
Schweizer Roadtrip	211
Duft-Souvenirs	212
Im Dilemma	213
Teen Talk	214
Grosse Gipsliebe	215
Der wahre Grund	217
Schlürfen einst und heute	218
Italien-Sehnsucht	219
Tierfamilie	220
Heartbeats	221
Oh happy day!	222

Nachwort/Dank	225
Die Autorin	227

NEUES LEBEN, NEUE RITUALE

DIE DOLCEFARNIENTE-LÜGE

Auf richtige Familienferien haben wir lange gewartet. Unsere Devise: nicht zu früh weit wegfahren und die Kinder vor unnötigem Stress bewahren. In Wahrheit gings uns weniger um die Kinder als um uns selbst. Die hart erarbeiteten Ferien gegen Ärger und Nervenkrieg tauschen? Nein, danke! Lieber zu den notorischen Ferienhortern zählen und die kostbaren Tage für bessere Zeiten aufsparen. Diese glauben wir nun endlich angebrochen! Nicht nur die Kinder, sondern auch unser Nervenkostüm sind unterdessen so stabil, dass wir das Abenteuer Ferien optimistisch angehen können.

Italien, wir kommen! Kaum sitzen wir in der Morgendämmerung im Auto, bröckelt das Bild entspannter Ferien. Statt mit schlafenden Kindern die Reise dösend auf dem Beifahrersitz zu starten, äfft der bereits hellwache Grosse ununterbrochen die Stimme aus dem Navigationssystem nach. Meine Bitte an das Familienoberhaupt, das Gerät abzustellen, da wir beide den Weg kennen, hat gegenüber seiner Leidenschaft für Technik keinen Stich. Er verzeiht dem Gerät sogar, in noch bekannten Gefilden mangels aktuellen Baustellendaten auf eine Ehrenrunde gelotst zu werden. Die verlorene Zeit wird er später durch das Streichen eines Toilettenstopps wieder wettmachen wollen. Das in der Folge doch angekratzte Vertrauen in die Kästli und Käbeli kompensiert er mit Aufträgen, die Anweisungen der Stimme mit der «Italia Sud»-Karte zu überprüfen. Zu Befehl! Für das Wohl meiner Familie mache ich alles! Auch tausend Kilometer rückwärtsfahren, um dem Kleinen Wasser zu reichen und den Grossen jetzt mit lächerlichen Einlagen vom Schlafen abzubringen. Wehe, der hart erkämpfte Schlafrhythmus ist dahin!

In meinen Träumen hätten diese Ferien eine Reise zu meinen Wurzeln, zurück in meine unbeschwerte Kindheit werden sollen. In Wahrheit ist es eine Reise in den ganz normalen Familienalltag. Addio, dolce vita!

KINDERLOS IN NEAPEL

Unsere Reise in den Mezzogiorno erachten die Nonni als grosse Ehrerweisung und verdanken diese mit einem Hütedienst von unendlich lange scheinenden vier Tagen. Dieser Deal war eigentlich unser Hintergedanke bei der Ferienplanung. So lassen wir uns nicht zweimal bitten und fliehen regelrecht nach Neapel, bevor es sich jemand anders überlegen kann. Endlich wieder einmal allein! Nun ist aber ausgerechnet Kampanien die geburtenstärkste Region Italiens, und wenn man schon im übrigen Land mit der legendären Kinderliebe konfrontiert wird, so entspricht dieses Phänomen in Neapel einem Vielfachen davon. Anfangs können wir uns locker davon distanzieren. Später aber bleiben unsere Blicke immer häufiger an den nicht nur unüberseh-, sondern auch unüberhörbaren Bambini hängen.

Alles hier ist grösser und lauter: von den mit Pizze und Gelati gefüllten Bäuchen zu den schrillen Spielzeugen Made in China. Auch folgt die kindliche Entwicklung den Regeln der italienischen Gemächlichkeit: Nuckeln ist noch im Kindergarten- und Buggyfahren sogar noch im Schulalter gesellschaftsfähig. Kinder dürfen alles und dies täglich bis weit nach Mitternacht. Schlafen tun sie ja tagsüber wieder. Obwohl unser helvetischer Verstand dies alles nicht gutheisst, gibt es beim Anblick dieser Bilder kein Entrinnen: unsere Herzen schmelzen und tappen in die Verherrlichungsfalle. Ehe wir uns versehen, überkommt uns eine Welle elterlicher Gefühle, und wir beteuern uns gegenseitig, wie sehr wir unsere Kinder vermissen. Gleichzeitig denke ich aber an die Shoppingtouren, die ruhigen Abendessen und die unbeschwerten Nächte im Hotel und will meine unbedachten Aussagen zurückziehen. Stattdessen schweige ich und spiele auf Zeit. Kurz nach unserer Rückkehr nehme ich selbstzufrieden wahr, wie auch mein Mann bereits gereizt die Schlafenszeit der Kinder herbeisehnt.

Was wollte ich sagen? Die Geister, die du riefst, wirst du so schnell nicht wieder los!

DIE SCHNELLE RETOURKUTSCHE

Zu einer meiner genüsslichsten Mutterfreuden gehört die Schadenfreude. Aber nicht die Art von boshafter und gemeiner Schadenfreude, bei der man anderen ein ganz übles Leid wünscht und für deren Beichte man wirklich Busse tun müsste. Bei meiner mütterlichen Schadenfreude geht es darum, durch den Ärger und die Sorgen anderer Mütter mir selber zu vergegenwärtigen, dass ich nicht die Einzige bin, bei der nicht immer alles rund läuft. Noch süsser wird die Freude, wenn ich die Vergleichsmutter bereits etwas auf dem Zahn habe. Ein Auslöser für solche Schadenfreudeattacken sind häufig Berichte über misslungene Familienwochenenden. Wie zum Beispiel dasjenige einer Bekannten mit ihrem Kleinkind.

«Kaum seien sie angekommen, sei es losgegangen mit dem Geschrei und dem Fieber», skypte ich meinem Mann direkt vom Arbeitsplatz. «Noch auf dem ganzen Rückweg habe es ständig gejammert und sich die Ohren gehalten. Sie hätten nicht geahnt, dass es eine Mittelohrentzündung hätte, und seien ausgerechnet noch über die Passstrasse gefahren, um den Stau zu umgehen. Stell dir vor! Aber eben, man will ja auf nichts verzichten und geht mit einem so Kleinen auch noch zelten. Wir haben lange auf unsere Buben Rücksicht genommen, blieben oft zu Hause und mussten sonst viel einstecken. Was denkt die denn?»

Obwohl mein Mann nicht strenggläubig ist, überkommt ihn in solchen Fällen doch die blanke Angst, Gott könnte sich für meine niederträchtigen Gedanken grausam bei uns rächen, und so ermahnt er mich jedes Mal zu bedenken, dass immer alles zurückkommt und ich deshalb ein für alle Mal mit solch bösem Gerede aufhören soll. «Ist ja gut, ich muss eh Schluss machen. Habe eine Combox-Nachricht von Nonna erhalten. Mal hören, wies daheim läuft.» – «Rita, der Kleine hat hohes

Fieber und ganz fest Durchfall bekommen. Kommst du nach Hause?»

Glaube hin oder her: Aber das war jetzt eindeutig Montezumas Rache!

WO BLEIBEN DIE RÄBELIECHTLI?

Der Valentinstag und Halloween gehören zu den polarisierenden Festen. Für die einen stellen sie eine nicht weiter zu hinterfragende Gelegenheit dar, zusätzlich zu feiern. Für die anderen sind sie schon fast des Teufels, weil sie auf heidnisches Brauchtum zurückgehen sollen, vom angelsächsischen Raum nach Europa übergeschwappt sind und kommerzielle Zwecke verfolgen. Geldmacherei hin oder her – mein Mann und ich würden noch so gerne Valentin feiern, doch in unserem Familienplaner bleibt vor lauter die Romantik hemmenden Terminen kein Platz übrig für solche Einträge.

Auf Halloween hingegen könnten wir verzichten. Aber ausgerechnet damit werden wir uns als Familie wohl anfreunden müssen. Als noch unerfahrene und daher unvorbereitete Gabenspenderin wurde ich also letzten Samstagabend an der Haustür mit einer Bande von Hexen und Skeletten konfrontiert. «Hüt isch Halloween!» – «Ja, und? Was isch dänn?» – «Sie müend eus öppis Süesses geh! Swiits or Triits!» – «Hä? Ja? Aber ich han nüt!» – «Dänn müemmer Sie halt plage!» – «Momänt, ich glaub, ich han doch öppis.» Ich hole eine Tafel rabenschwarzer Kochschokolade aus der Küche und stecke diese flink und unter Beihilfe der Dunkelheit unerkannt in den Gabensack der Oberhexe. «Sie, mir sind im Fall z achte!» – «Aso 'tschuldigung, dänn müender halt mitenand t-e-i-l-e. Oder muen ich das uf Änglisch säge, dass ihrs verstönd?»

Also wirklich! Ich frage mich, ob die Übertragung eines Festes auf einen anderen Kulturkreis ohne weiteres möglich ist. Bei mir steigt auf jeden Fall sofort die Vorfreude auf den anstehenden guten alten Räbeliechtliumzug. Da weiss man noch, woran man ist. Fröhliche Kinder singen bei aamächeligem Kerzenlicht zwar etwas altmodische, dafür harmlose Lieder und dies erst noch auf Schwiizertüütsch. Ohne Drohungen, ohne Bestechungen. Und nach dem Umzug gibts weder Kürbisse noch Süsses und schon gar nicht Saures. Sondern einfach nur Wienerli und Brot!

ZU VIEL DES GUTEN

Seit je ist die Mutter meines Göttibuben mein Vorbild in Sachen Erlebnispädagogik. Zu jeder Jahreszeit kreiert sie saisongerechte Dekorationen für Haus und Garten. An jedem speziellen Feiertag kocht sie das traditionell dazu passende Essen. Sie näht alle Jahre aufwendige Fasnachtskostüme für ihre Buben und organisiert die ausgefallensten Kinderfeste. Ausserdem koordiniert sie akribisch das Geschenke- und Kartenbasteln und verpasst keinen einzigen Termin.

Ich hingegen bin allein mit dem Monat Dezember überfordert. Zwar habe ich wohlweislich frühzeitig mit dem Geschenkebasteln begonnen, der vermeintliche Zeitvorsprung ist aber längst durch das Erstellen der zu aufwendig konzipierten Weihnachtskarten aufgebraucht. Wenn ich in diesem Tempo weiter werke, wird entweder nur die Hälfte der Empfänger eine Karte erhalten oder die Perfektion darunter leiden. Und Sie ahnen richtig: Keines von beidem werde ich akzeptieren!

Doch ich spüre, wie sich die Schlinge zuzieht. Die Weihnachtsdekoration habe ich in einer Nacht-und-Nebel-Aktion just noch auf den 1. Advent hingekriegt. Zum Samichlaustag habe ich dem Grossen gerade mal am Vorabend des Besuchs das Versli endgültig beibringen können. Für selbst gebackene Griitibänze als Zugabe für den Chlaussack hats aber beim besten Willen nicht mehr gereicht. «Mut zur Lücke», habe ich mir gesagt und mich sofort den Vorbereitungsarbeiten für die Guetslete gewidmet – mit dem sicheren Gefühl, wieder gut im Rennen zu liegen. Aber die Frage einer Bekannten, ob ich das Menü für Heiligabend schon komponiert hätte, hat das Fass dann doch zum Überlaufen gebracht.

EIN EINFACHES UND GELING-SICHERES GRITTIBÄNZ-REZEPT FINDEN SIE HIER:

Wenn Sie also, liebe LeserInnen, nächstens auf der Titelseite eines Boulevardblatts lesen: «Ausraster zur Weihnachtszeit: Mutter verdrischt Samichlaus mit Griitibänz, pfeffert Christkind Guetsli um die Ohren und flieht mit Weihnachtschmuck», dann war ich das. Ich sage Ihnen nur noch: Der Osterhase soll sich jetzt schon warm anziehen!

DIE RÜCKKEHR DER KÖNIGE

In einer multikulturellen Grossfamilie politisch alles korrekt zu machen, ist schwer. Vor allem dieser Tage. Es hat viel gebraucht, den Buben begreiflich zu machen, dass hierzulande Weihnachten nur einmal gefeiert wird, während es in unserer zweiten Heimat locker viermal sein kann.

Anfang Dezember findet mit San Nicola nicht nur der Auftakt zur Bescherung statt, sondern auch zur alljährlichen Diskussion mit meiner Mutter. «Nein, Mutter, ich will den Chlaus ganz nach Schweizer Manier feiern: keine Geschenke, nur ein Säckli. Und Santa Lucia lassen wir bitte grad aus. Die gibts hier nicht.» – «Aber, wer soll dann die Buben beschenken, wenn nicht Babbo Natale?» – «Aber der hat doch nichts mit dem Chlaus zu

tun! Der kommt erst am Weihnachtstag. Und auch nur in Italien. Hier kommt das Christkind. Und zwar schon an Heiligabend. Mit unseren Buben wollen wir das halt so machen. Basta. Das einzige Eingeständnis an die italienische Kultur mache ich in Sachen Krippe!»

So hielt eine echte neapolitanische Krippe Einzug in unser Heim und war Abend für Abend Schauplatz der Bettgeschichte für die Buben. Im Nu kannte der Grosse alle Protagonisten und Einzelheiten der Weihnachtsgeschichte und war derart vom Gesù Bambino angetan, dass er dieses überall suchte, weil er es in natura sehen wollte. Welche Erleichterung, als an Heiligabend sowohl die Geschichte als auch die leidige Sucherei ein Ende gefunden haben. Nun holen mich aber die Drei Könige ein. Wie soll ich den Buben weismachen, dass diese – obwohl Weihnachten und Bescherung längst vorbei sind – hier in der Schweiz wieder auf dem Parkett stehen?

«Ganz einfach», meint meine Mutter: «Lassen wir die doch aus! Die bringen ausser etwas Kuchen und einer wertlosen Papierkrone eh keine Geschenke. Feiern wir dafür so richtig italienisch La Befana. So lernen die Buben auch die gute, weisse Hexe kennen und kommen doch noch auf viermal Weihnachten.»

WIE DER ESEL AM BERG

«Ein Bauer will mit einem Kahn über einen Fluss setzen. Er hat einen Wolf, eine Ziege und einen Kohlkopf dabei. Doch der Kahn ist so klein, dass nur immer zwei reinpassen und pro Fahrt kann er nur etwas aufs Mal mitnehmen, denn der Wolf frisst die Ziege und diese den Kohlkopf, wenn man sie alleine lässt. Was soll er tun?»

Als Kind plagte mich mein Vater mit dieser Denksportaufgabe. Egal, wie oft er mir die Frage stellte, nie konnte ich auf

Anhieb sagen, was der Bauer als Erstes tun sollte. Heute noch muss ich alle Hirnzellen aktivieren, um auf die korrekte Lösung zu kommen.

Letzte Woche wurde des Bauern Herausforderung zu meiner Realität! Ich stehe mit dem Einkaufswagen und beiden Buben vor dem Rollband eines Einkaufszentrums und will in die untere Etage gelangen. In Sekundenbruchteilen überlege ich mir, wie ich das anstellen soll: Halte ich die Buben rechts und links an der Hand, bleibt der Wagen oben zurück. Stelle ich zuerst den Wagen aufs Band und lasse ihn vorausfahren, fliegt am Ende der ganze Wageninhalt zu Boden. Schicke ich den Grossen schon mal vor, bekommt er während der Fahrt bestimmt eine Panikattacke und rennt das Band rückwärts wieder hoch. Was also tun?

DIE AUFLÖSUNG DER AUFGABE FINDEN SIE IN MEINEM BLOG:

Ich entscheide mich für die Lösung, die in der Denksportaufgabe ausgeschlossen ist: Wir gehen alle zusammen! Ich stelle die Buben nebeneinander vor mir aufs Band, packe beide an ihren Schals und – während sie bereits wegrollend meinen linken Arm langziehen – greife ich nach dem Wagen, der kurz hängen bleibt und auch meinen rechten Arm schmerzlich verlängert. Schliesslich sind wir aber alle auf dem Band: die Buben halb stranguliert und ich wie eine mittelalterliche Hexe in einer Folterstellung! Wäre kindergerechtes Bauen nicht ein erfolgversprechendes Wahlkampfthema?

DAS KIND IM FUSSBALLER

Im letzten Tagi-Magi hat Michèle Roten hergeleitet, dass Fussball am Fernseher eigentlich nichts anderes sei als ein Porno, in dem es den männlichen Hauptdarstellern letztlich nur darum gehe, den Zuschauern zu beweisen, was für Siebensieche sie seien und dass nur sie den Fortbestand der Menschheit garantieren können. Interessanterweise sprächen sie dabei nicht nur Frauen an, sondern erst recht auch Männer, die sie um ihren Status beneideten und ihnen darum auch nacheiferten. Bis vor kurzem hätte ich diese Schlussfolgerung unterzeichnet, seit ich aber Kinder habe, finde ich, dass der Vergleich mit einem Porno diesen Fussball spielenden Männern eher schmeichelt.

Dieser Tage erinnern mich Fussballer nämlich vielmehr an spielende Goofen, die euphorisch ein Spiel fair starten wollen, um im Verlaufe desselben zu hinterhältigen Spielverderbern zu mutieren, wenn es nicht so läuft wie vorgesehen. Ihr Verhalten wird umso kindischer, je schlechter die Figur ist, die sie abgeben. Fussballer oder Kinder beginnen dann, alle ihnen zur Verfügung stehenden Register zu ziehen. In beiden Fällen handelt es sich um dieselben simplen Verhaltensweisen: Sie schauen etwas dümmlich aus der Wäsche, stellen sich unwissend, scheinheilig oder halbtot und wischen bei der erstbesten Gelegenheit dem Gegner eine aus – mit Vorliebe hinter dem Rücken des Schiedsrichters bzw. der Eltern, denn das macht bekanntlich mehr Spass. Ist das Spiel dann zu Ende, erkennt man erst recht keine Unterschiede mehr zwischen Fussballern und Kindern: Die Gewinner stochern in der Wunde herum: «Ihr händ verlore, mir halt nöd!», die Verlierer reden sich ein: «Mir sind trotzdem besser, ihr halt nöd!»

Ob dieses Getues fällt es mir schwer, Fussball mit Porno zu assoziieren. Und nachdem Italien und die Schweiz beide aus der

WM ausgeschieden sind, kann ich es mir nicht verkneifen, ebenso kindisch zu kontern: «Ich bi jetzt für d Spanier, ätschibätsch! Ich dörf das, du halt nöd!»

KEINE REGEL OHNE AUSNAHME

«Wer nicht verlieren will, der spiele nicht!», empfiehlt ein Sprichwort. Leichter gesagt als getan. Denn seit unser Grosser das «Memory» entdeckt hat, das ich eingeführt habe, um dem grenzenlosen Filmeschauen ein Ende zu setzen, will er an den filmfreien Abenden nur noch dieses Spiel spielen und – wen wunderts – gewinnen.

    Ich wusste, dass uns diese Phase bevorstand. Einmal mehr habe ich aber die Intensität der sich dabei entwickelbaren Emotionen unterschätzt. Unserem Grossen reichte es bald nicht mehr, nur zu gewinnen. Er wollte jedes Spiel nur noch zu null gewinnen! Wehe dem, der nur ein einziges Kärtchenpaar aufdeckte, dann war das Spiel zu Ende, noch bevor es angefangen hatte! Gewinnen sei gut für das Selbstwertgefühl eines Kindes. Es müsse aber auch lernen, ein guter Verlierer zu sein. Und da gäbe es nur einen Weg: Verlieren lernen! Das Wichtigste dabei sei, dem Kind vorzuleben, wie man mit Niederlagen ohne zu schimpfen oder zu maulen umgehen kann. Diese Vorbildfunktion konnte ich mit meinem Rucksack an südländischen Eigenschaften nicht einnehmen. Deshalb entschied das Familienoberhaupt, diese Aufgabe, die viel innerer Ruhe und Ausgeglichenheit bedarf, zu übernehmen. «Lueg, jetzt han ich verlore. Tuen ich brüele oder uusrüefe? Ich bliib ganz ruhig und han immer no Freud am Spiel. La Ferrari gwünnt au nöd jedesmal, aber wäge dem brüelet ds Team au nöd!»

    Jedesmal aufs Neue murrend, aber doch stets einsichtiger, schien der Grosse immer besser mit dem Wechselspiel zwischen

Gewinnen und Verlieren umgehen zu können und eiferte dem so souveränen Papi nach. Bis zum letzten Wochenende, als sich der FCZ dem Strich weiter näherte. «Gopferteli nomal! Hät dänn dr Schiri Tomate uf de Auge, dass de das Händs nöd gseht? Sonen Schissdräck!» – «Mamma, wieso dörf de Papi so Zügs säge, wänn er verlüürt?» – «Weisch, bim Tschutte gälted anderi Reglä! Aber das erchläär ich dir spööter emal ...»

DAUERZUSTAND PHASE

Es ist zwar erst Mai, aber mein Unwort des Jahres steht bereits fest: die Phase.

Bis vor kurzem ging ich davon aus, dass eine Phase eine Zeitspanne mit einem Anfang und einem Ende beschreibt. Wie zum Beispiel die Planungsphase oder die Umsetzungsphase. Diese Zeitabschnitte zeichnen sich dadurch aus, dass man sie zu einem bestimmten Zeitpunkt starten und irgendwann selbstbestimmt beenden kann. Das Familienleben hat mich eines Besseren belehrt und dem Begriff der Phase eine neue Bedeutung verliehen. Ich assoziiere das Wort längst nicht mehr mit abgrenzbaren Abschnitten in der Projektarbeit, sondern mit Perioden, die aufgrund ihrer anhaltenden Dauer sogar eher mit Epochen vergleichbar sind und denen ich nicht aus eigener Kraft ein Ende setzen kann.

Ausserdem wird der Begriff der Phase für meine Ohren inflationär verwendet. Wo auch immer ich meinen Frust über die Tücken des Familienalltags deponiere, erhalte ich – wohl aus Angst, mir den letzten Funken Hoffnung zu nehmen – zur Antwort: «Ach, das ist nur eine Phase!»

«Nur» eine Phase? Die schwierigen ersten Babymonate waren «nur» eine Phase. Die anschliessenden herausfordernden Ernährungs- und Schlafumstellungen waren «nur» eine Phase.

Das darauffolgende schmerzhafte Zahnen war «nur» eine Phase. Das einsetzende Trotzen und Bocken hätte – genauso wie das ewige Gezänk zwischen den Buben – auch «nur» eine Phase sein sollen.

Seien wir doch ehrlich: Phasen sind in Tat und Wahrheit das Perpetuum mobile des Familienlebens. Einzelne Teilphasen mögen vordergründig abgeschlossen worden sein, aber faktisch haben sie sich nur schleichend in neue verwandelt. Und so werden auch wir von der Warum-Phase über die sensible Phase direkt in die Pubertätsphase schlittern und dabei nur eine einzige Phase auslassen: die Ruhephase. Diese ist in der Familienrealität schlichtweg inexistent.

GEIZ IST GEIL!

Kürzlich hat mir ein Nonno seine Lebensweisheiten verraten: Unter anderem sei er in eigener Sache immer ein Geizhals gewesen, nicht aber, wenn es um seine Kinder oder Enkel gegangen sei. Da sei er heute noch – oft gar über seine Verhältnisse – grosszügig, ohne dass ihm dies nur im Geringsten schwerfalle. Mir kam das alles sehr bekannt vor, war das doch – und ist bis heute – auch eine Lebenseinstellung meiner eigenen Eltern.

Da der Vergleich mit einem Geizhals nicht sehr attraktiv ist und man als Tochter ungern mit den eigenen Eltern verglichen werden will, wies ich in einer ersten Reaktion ein ähnliches Verhalten entschieden zurück. Bei nochmaliger Betrachtung realisiere ich aber, wie südländisch selbstgeizig ich doch auch schon bin. In unserem Haushalt führe ich ein strenges Regime, profitiere systematisch von Aktionen, sammle Punkte und Märkli und lasse alle betriebswirtschaftlichen Kenntnisse über Wareneinkauf und Lagerhaltung zur Optimierung unseres Haushaltsbudgets ins tägliche Leben einfliessen. Wie der alte Nonno oder meine Eltern stelle auch ich instinktiv meine eigenen Bedürfnisse hinten an.

Und so passiert es, dass in der monatlichen Ausmarchung Kinderschuhe gegen Stilettos gewinnen und ich im Einkaufszentrum mit Scheuklappen am Ausverkauf vorbeiziehe, um die Mission «Badelatschen für die Buben» zu erfüllen, ohne auf finanzielle Abwege zu geraten. Gelingt es mir, mit einem unversehrten Portemonnaie die Gefahrenzone zu verlassen, freue ich mich über die vollbrachte Mission: Meine Buben beschenken ist einfach schön! So schön, dass ich Shopping-Entzugserscheinungen problemlos in Kauf nehme. Ausserdem lassen mich die dabei freigesetzten Glückshormone den Hunger vergessen, was sich nicht nur zusätzlich positiv auf das Familienbudget auswirkt, sondern auch auf meine Linie!

Ist ein solch strenges Regime wirklich als Geiz zu bezeichnen? Ist es nicht vielmehr eine Form von Nächstenliebe mit angenehmer Nebenwirkung?

VON ENTEN UND SCHWÄNEN

Familienferien am Meer bieten das immer gleiche Bild: viermal am Tag – morgens hin, mittags zurück, nach der Siesta wieder hin und abends retour – pendeln ganze Heerscharen von Familien in Reih und Glied zwischen Strand und Unterkunft. All diesen Entenfamilien gleich ist die strikte Rangordnung und das Equipment – wo auch immer auf der Welt sie ins Wasser springen: Zuvorderst marschieren jeweils die Familienoberhäupter beladen mit Heavy Stuff wie Liege- und Klappstühlen sowie Tischen und Sonnenschirmen.

Auf Schritt und Tritt folgen jeweils die Mütter, erdrückt nicht nur von der Last der an beiden Schultern hängenden Kühltaschen und -truhen, sondern vor allem durch die Verantwor-

tung, auch wirklich an jedes einzelne elementarste Bedürfnis gedacht zu haben.

Die Kinder aber watscheln unbekümmert im Entenschritt den Eltern hinterher. Die Grösseren bereits mit Schwimmflügeli, Chesseli und Schüfeli bestückt, die Kleineren eingepfercht in einem Schwimmgurt, der – Ironie des Schicksals – oft einen Schwan darstellt.

Einzig wir beherrschen diesen Ententanz nicht. Zuvorderst springen unsere Wasserflöhe unkoordiniert Richtung Strand, dicht gefolgt vom Familienoberhaupt, das beim Versuch, die «unguided missiles» auf die richtige Bahn zu bringen, auch noch herunterfallende Sandkastenutensilien einsammeln und bis zum Schluss doch alles selber tragen muss. Ich selbst stolziere mit sicherem Abstand hinterher, um nicht mit diesem Affentheater in Verbindung gebracht zu werden. In meiner Tasche nur Leichtigkeiten wie Sonnenbrille und Sonnenmilch und eine grosse Portion südländischen Stolzes.

Doch leider holen mich beim Passieren des Spiegels beim Strandhäuschen die Gedanken an Enten wieder ein, und ich denke an das Märchen vom hässlichen Entlein, das zu einem wunderschönen Schwan geworden ist. Tja, die Geschichte lässt sich genauso gut anders rum erzählen. Nur leider handelt es sich dann um einen wahr gewordenen Albtraum!

FAMILIENFERIEN SIND ...

– wenn von Midlife-Crisis geplagte Väter frühmorgens ihre Bierbäuche innerhalb der Feriensiedlung joggen führen, im Irrglauben, nach den Ferien auf die Arbeitskollegin attraktiv zu wirken.

– wenn Mütter genauso früh aufstehen, nicht aber, um sich selber etwas Gutes zu tun, sondern um frische Panini für die Kinder zu besorgen.

– wenn am Frühstückstisch Väter über die gehaltlose Fernausgabe der heimatlichen Tageszeitung und Kinder über die ungewohnt schmeckende Milch und die ausgehöhlten Panini meckern.

– wenn engagierte Eltern am Strand weder zum Lesen noch zum Sonnenbaden, geschweige denn zum Entspannen kommen, weil sie mit den Kindern pädagogisch korrekt Sandburgen bauen, Muscheln sammeln oder schwimmen lernen.

– wenn der Neid auf nonchalante Eltern täglich steigt, die – pädagogisch zwar fragwürdig, für deren Energiebilanz aber bestimmt zuträglicher – auf der faulen Haut liegen können, derweil ihre Kinder unter der sengenden Sonne Sand essen oder Salzwasser trinken.

– wenn auch abends beim Nachtessen kein Platz ist für Familiengespräche, weil alle wie hypnotisiert pizzakauend in Richtung des permanent laufenden Fernsehers starren.

– wenn Eltern die «Agadou-dou-dou»-Folter der Kinderdisco ertragen, um anschliessend das Erwachsenenprogramm aus dem Appartement mitanhören zu müssen, von wo aus dieses nur noch nervtötend, da schlafraubend ist.

– wenn zum Schluss Eltern die verbleibenden Ferientage nur noch abzählen und den Tag herbeisehnen, an dem sie die Kinder wieder outsourcen und sich selber am Arbeitsplatz ausruhen können.

– wenn bereits kurze Zeit darauf das Verdrängen des ganzen Stresses und das Verherrlichen der einzelnen schönen Momente einsetzt und die Vorfreude auf die nächsten Ferien von vorne beginnen kann!

EIN SCHUFT, WER BÖSES DENKT

Seit Menschengedenken gibt es ums Kinderkriegen ein grosses Tabu: die Frage nach den Kuckuckskindern. Naturgemäss quält sie vor allem Männer, die ständig fürchten, ein anderer Vogel könnte seine Eier in ihr Nest legen. Das Thema scheint aber auch ganz besonders Frauen zu beschäftigen. Offenbar fühlen sie sich dazu berufen, die in der Schweiz existierenden 5 Prozent Kuckuckskinder zu entlarven.

Als Mutter zweier Buben, bei welchen die Gene die Regeln des Vererbungsgesetzes in höchstem Mass ausgereizt haben, werde ich oft mit diesem weiblichen Aufklärungsinstinkt konfrontiert. Von «Sind das wirklich Brüder?» bis hin zur direkteren Variante: «Wie ist es möglich, dass der Kleine nicht im Geringsten seinem Vater gleicht?» Jeder dieser Anspielungen liegt die Frage zugrunde: «Wer ist der Vater des Kleinen, der optisch so aus der Reihe tanzt?» Dass der Kleine – rein optisch betrachtet – auch nicht mein Kind sein dürfte, wird ignoriert. Schliesslich ist das Entlarven eines Kuckuckskindes spannender als eine vertiefte Auseinandersetzung mit der Mendelschen Lehre.

Spannend auch der Umgang mit dieser über alles schwebenden Frage in Italien: «Sind es Zwillinge?» Diese paradoxe Intervention, die ausschliesslich von Männern ausgesprochen wird, soll wohl eher das, was nicht sein darf, gewitzt aus der Welt schaffen. Ob sie wohl aus eigener Erfahrung kein grosses Aufheben darum machen wollen? Item. Bisher hat sich nur eine einzige junge Dame ohne Furcht direkt in die Höhle des Löwen gewagt und frisch von der Leber gefragt: «Sind die beiden vom selben Mann?» Chapeau! Wer so direkt fragt, verdient eine absolut ehrliche Antwort: «Ja, beide sind von meinem Mann.» Allen anderen sage ich: «Honi soit qui mal y pense – noch nie etwas von Generationensprüngen gehört? Und selbst wenn's so wäre, glauben Sie wirklich, ich würde es ausgerechnet Ihnen anvertrauen?»

VON DER KINDERKRIPPE ÜBER DEN KINDERGARTEN IN DIE SCHULE

NUR DAS BESTE IST GUT GENUG

Als ich unlängst für den Grossen einen Krippenplatz suchte, gab es für mich nur zwei Kriterien, die die Wahl hätten beeinflussen können: die Erreichbarkeit und die Länge der Warteliste. Weitere Kriterien für eine «verantwortungsvolle», «zukunftsorientierte» und für die Kinder «erfolgsversprechende» Evaluation waren mir nicht bekannt. So naiv war ich. Selbst diese beiden Kriterien hatten letztlich keinen Einfluss auf meine Entscheidung, denn unlängst war man einfach nur froh, überhaupt eine Krippe zu finden.

Ginge ich heute auf die Suche, müsste ich mich wohl dem aktuellen gesellschaftlichen Diktat unterziehen und eine «alles umfassende» und «nachhaltige» Nutzwertanalyse durchführen. Nicht nur haben im Quartier – kaum war der Grosse eingelebt – weitere Krippen ihren Betrieb aufgenommen, sondern der Dschungel der Auswahlkriterien ist ins Absurde gewuchert.

Es kommt längst nicht mehr drauf an, ob die Krippe einfach einen verfügbaren Platz hat und möglichst zu Fuss erreichbar ist. Nein, heute sucht man Krippen, die Säuglinge direkt nach dem Wochenbett aufnehmen, vorzugsweise morgens vor sechs und abends nach zwanzig Uhr und dies an 365 Tagen im Jahr. Sind diese Muss-Kriterien erfüllt, geht die Nutzwertanalyse erst richtig los: Welches pädagogische Konzept verfolgt die Krippe? Führt sie altersgemischte Gruppen? Oder besser altershomogene? Ist sie nur bilingual, nicht trilingual? Bietet sie Kinderyoga an? Musikalische Früherziehung? Tanzstunden? Ein Kunstatelier? Oder doch lieber eine Waldkrippe wählen?

Ich bin froh, durfte ich ganz naiv und unbelastet einen Krippenplatz suchen und den besten, den ich mir vorstellen kann, auch finden! Obwohl – müsste ich heute suchen, würde ich den neusten Trendkriterien für Kinderkrippen womöglich doch verfallen: Bietet die Krippe auch eine Nacht- und Wochenendbetreuung an? Und ist es ihr kurzfristiges Ziel, das Angebot auch auf Ferien auszuweiten?

VERTRAUEN IST GUT, «INTERVENIEREN» IST BESSER

Letzte Woche kam er also, der Brief vom Schulkreis. In Unkenntnis der Sachlage hatten wir dessen Erhalt bereits letztes Jahr befürchtet, dann aber festgestellt, dass der Grosse noch nicht auf dem Verteiler war, weil er, glücklicherweise, 15 Tage «zu spät» vier Jahre alt wurde. Glücklicherweise, weil wir wohl zur Minderheit gehören, die diesen Meilenstein nicht schon lange herbeigesehnt und dessen Erreichen gepusht haben. Während wir uns über den vertagten Kindergarteneintritt und über ein weiteres Jahr selbstbestimmten Familienlebens ohne diktierte Tagesabläufe und Massentourismusferien freuten, bekundeten andere Eltern uns gegenüber ihr Bedauern, dass wir dieses Etappenziel so knapp verpasst hätten. Kopfschüttelnd wurde uns vorgehalten, dass wir den Zeitpunkt für den Kindergarteneintritt zu unseren Gunsten hätten beeinflussen können, hätten wir rechtzeitig an der richtigen Stelle «interveniert». Was niemand verstand: wir wollten nicht «intervenieren», denn es lief zu unseren Gunsten: ein weiteres Jahr eingespielte Familienorganisation, ein weiteres Jahr Kindheit für den Grossen. Ganz abgesehen davon, dass es sich nicht gehört, an der richtigen Stelle zu «intervenieren» – so wie's Südländer zu tun pflegen, oder?

So haben wir letzte Woche alle Formalitäten erfüllt und wollten auf eine faire Behandlung unserer Anmeldung vertrauen, wurden aber erneut von dritter Seite kopfschüttelnd ermahnt, rechtzeitig an der richtigen Stelle zu «intervenieren», wenn der Grosse in den «richtigen» Kindergarten kommen sollte.

Als am gleichen Abend die Tagesschau über den «Gekauften Eintritt ins Gymi» berichtete und dass bereits Eltern von Viertklässlern diese für die schier unbezahlbaren Vorbereitungskurse auf die Gymi-Prüfung voranmeldeten, wussten wir: Chancengleichheit und Gleichberechtigung gibt es nicht – Vertrauen ist gut, an der richtigen Stelle «intervenieren» aber immer noch besser.

Unterdessen tun's ja auch längst nicht mehr nur Südländer.

DAS EWIGE WARTEN

Das Leben ist geprägt von einem ständigen Harren der Dinge, die noch kommen sollen. Ist man klein, wartet man darauf, schnell gross zu werden. Geht man zur Schule, plangt man darauf, diese rasch zu beenden, eine Ausbildung zu starten, um diese wiederum schnellstens abzuschliessen. Tritt man in die Berufswelt ein, erwartet man, zügig befördert zu werden, um irgendwann ausgebrannt nur noch auf die Pensionierung zu warten. Ist es so weit, realisiert man, dass es nichts mehr gibt, worauf man noch warten könnte, ausser auf das Lebensende. So bedauert man, alles Erlebte nicht bewusster genossen zu haben.

Mit Kindern verhält es sich ähnlich: Sobald man ein Kind will, wartet man nur darauf, dass es einschlägt. Ist man schwanger, kann man es kaum erwarten, die ersten Ultraschallbilder zu sehen, die ersten Tritte zu spüren und schon bald darauf, endlich gebären zu können, weil man den Bauch dann doch nicht mehr erträgt. Ist das Kind geboren, zählt man fleissig die Lebenswochen und hofft, dass die ersten drei Monate mitsamt Koliken und Geschrei schnell vorbeigehen. Anschliessend wartet man ungeduldig auf die Breieinführung, den ersten Zahn und das erste Wort. Müde vom ständigen Herumtragen, sehnt man sich nach dem ersten Schritt, um gleich darauf aufs baldige Velofahren zu hoffen, da dieses Schneckentempo unerträglich ist. Die Anhänglichkeits- und die Trotzphase übersteht man nur im Wissen, dass diese rasch vorbeigehen und von Selbstständigkeit und Vernunft abgelöst werden.

Ist es dann so weit, realisiert man wenig davon, weil die Kinder praktisch nicht mehr zu Hause sind. Kindergarten, Schule und Freizeitaktivitäten haben die Kinder fest im Griff, und ehe man sich versieht, kommen sie nur noch nach Hause, um zu essen und die Kleider zu wechseln. Nun realisiert man, dass es in Sachen Kinder nichts mehr gibt, worauf man warten könnte, ausser auf Enkel, um mit ihnen im Hier und Jetzt zu leben und jeden einzelnen Tag bewusst zu geniessen.

DIE PIÈCE DE RÉSISTANCE

Kommen Kinder zur Welt, füllt sich das Haus mit unzähligen Dingen wie Kleidchen, Windeln, Fläschli, Nuggi, Rasseln und Deckeli. Dazu kommen Anschaffungen wie Maxi-Cosi, Kinder- und Stubenwagen, Kinderbett, Badewanne, Wippe und Wickeltisch. Für Menschen, die aus ästhetischen und psychohygienischen Gründen einen spartanischen Einrichtungsstil bevorzugen, sind diese Gegenstände, die das ganze Haus versperren und verunstalten, ein Dorn im Auge. Sie sind sogar in der Lage, das seelische Gleichgewicht zu zerstören. Gerade in einer Phase, in der alles durcheinandergerät, sucht man Oasen der optischen Ruhe, in der einem nicht ständig vor Augen geführt wird, dass Flaschen abzukochen, Windelsäcke zu entsorgen und Babybrei zu machen wären.

Wie soll man Ordnung in dieses Puff bringen, mit sich selber ins Reine kommen? Für manche vielleicht unvorstellbar, aber für das Gegenteil eines Messi ist ein solches «Gstellaasch» kaum auszuhalten. So konnte ich es kaum erwarten, das immerhin zweifach genutzte Equipment endlich auf Flohmis und Onlineplattformen gänzlich abzustossen. Mit jedem Gegenstand, der aus unserem Haushalt verbannt wurde, konnte ich tiefer durchatmen. Nach der Abgabe der letzten fünf Nuggis durch den Kleinen bleibt ein einziger Gegenstand: der Wickeltisch. Dieses Monstrum der Babyausrüstung ist dasjenige mit der längsten Verweildauer in einem Familienhaushalt. Es kommt als Erstes ins Haus und verlässt dieses lange nach Maxi-Cosi, Fläschli und Nuggi. Hartnäckig hält es sich und nagt an meinem Ordnungsfanatiker-Gen.

Aber auch dieses Unding wird kapitulieren. Ich verspreche Ihnen, ich werde es eigenhändig im Garten verbrennen! Denn erstens muss ich das vom Aussterben bedrohte Glarner «Fridlisfüür» retten und zweitens kommt es bei all dem Gschmöis, das derzeit in der Luft ist, eh nicht mehr drauf an.

AUCH MÜTTER POLITISIEREN

Letzte Woche bin ich auf die gewagte Frage gestossen, ob Frauen nur bloggen, wenn es um Babys, Rezepte und Horoskope, nicht aber, wenn es um «komplizierte» Politik gehe. Der Fragende bedauerte, dass sich vor allem Männer in Politdiskussionen einschalten, obwohl bei klassischen Frauen- und Familienblogs die Hälfte aller Kommentare von Frauen stamme. Weshalb lassen sich Frauen nicht für Politblogs begeistern und zum Kommentieren mobilisieren, fragte er sich und bedauerte dieses passive politische Verhalten der Frauen.

Die Frage hat mich getroffen, steckt sie doch voller Vorurteile. Frauen mutieren anscheinend nach der Geburt von Kindern zu einfältigen Wesen, die sich nur noch fürs Stillen, Wi-

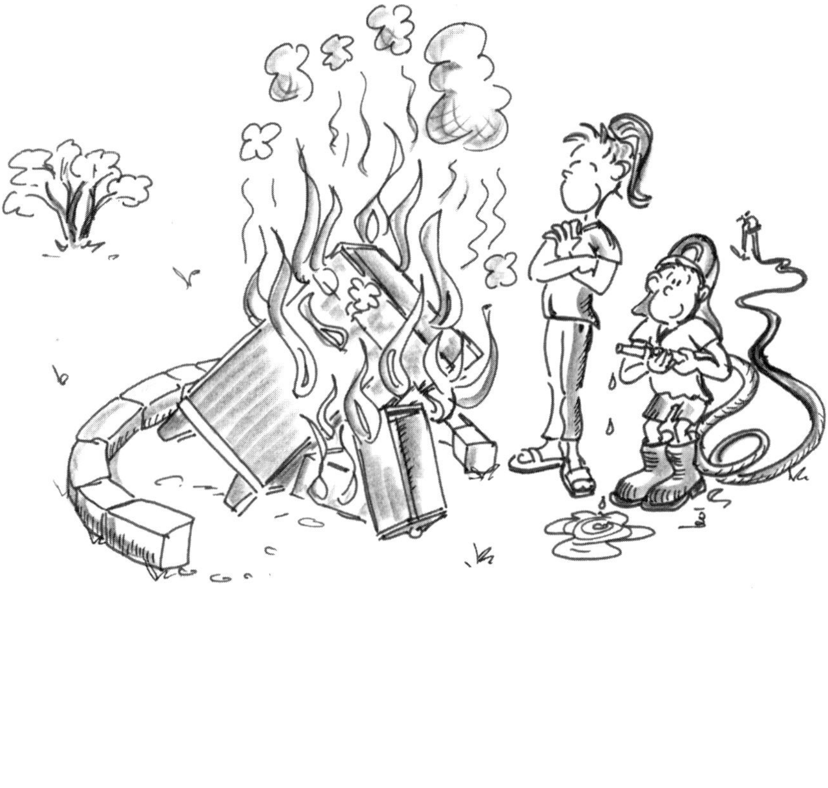

ckeln und das Tummeln auf Spielplätzen interessieren. Kein Bock mehr auf Sex, kein Drang nach beruflichem Engagement, kein Interesse für die wirklich wichtigen Dinge im Leben wie eben Politik.

Es gibt zahlreiche Gründe, weshalb ich frühmorgens nicht als Erstes die Tageszeitung lese oder gar Zeit finde, um mich auf Politblogs zu bewegen. Ich informiere mich lediglich kurz online darüber, ob die Welt überhaupt einen weiteren Tag bestehen bleibt und wie das Wetter aussieht. Frühmorgens sind das die essenziellen Themen, die mich mobilisieren. Wäre ich frühmorgens allerdings bereits im Geschäft, würde ich durchaus zum Warmlaufen bei einer Tasse Kaffee politische Beiträge lesen und genüsslich kommentieren.

Mütter haben sehr wohl eine politische Meinung und geben sie auch kund. Nur bleibt diese innerhalb der Wände der Mütterberatung oder der Chrabbelgruppe stecken oder versandet auf dem Spielplatz. Aus Prioritätsüberlegungen findet sie selten den Weg auf einen Blog.

Finden Mütter während einer kurzen Pause doch Zeit, auf Familienblogs über erschwerte Wiedereinstiegsmöglichkeiten oder fehlende Hortplätze zu diskutieren, dann «lästern» sie ja aber nur wieder über «Frauenzeugs» – genauso wie über Rezepte oder Horoskope.

DAS LUXURIÖSE WARTEN

Den Begriff «Warteliste» assoziierte ich bisher mit armen Ländern, wo man zum Teil auch auf grundlegende ärztliche Hilfe warten muss. Nun fällt mir auf, dass es auch bei uns haufenweise Wartelisten gibt. Geht es mit uns also bergab?

Im Gegenteil: Wir sind Teil einer verwöhnten Gesellschaft. Denn die Wartelisten, die ich meine, sind Lifestyle-Wartelisten. Und zwar nicht etwa Wartelisten für ein Essen im besten Restaurant oder eine Frisur beim besten Coiffeur, sondern für rudimentäre Familienangelegenheiten. Die Warteliste erwartet bereits die werdende Familie und bleibt zeitlebens ihr treuester Begleiter.

Um vom renommiertesten Frauenarzt durch die Schwangerschaft begleitet zu werden, lässt man sich auf eine Warteliste setzen. Dasselbe gilt auch für die Reservation einer Wochenbettsuite in der besten Privatklinik, Kaiserschnitt inklusive. Es folgt die Warteliste für den besten Kinderarzt, Osteopathen und Cranio-Sacral-Therapeuten sowie für Babymassage, Babyschwimmen und PEKiP-Kurs (Prager-Eltern-Kind-Programm). Danach erfolgt der Eintrag auf die Wartelisten von Kinderkrippe, -garten und -hort und sicherheitshalber auch auf diejenige für sonderpädagogische Massnahmen. Ist das einmal geschafft, kann man relativ getrost in die Zukunft blicken, im Wissen, dass nun alles seinen geordneten und vor allem besten Lauf nehmen wird.

Naiven Menschen wie mir, die – wenn überhaupt – zuunterst auf den Wartelisten resultieren, bleibt nichts anderes übrig, als auch auf diesen Zug aufzuspringen, wollen sie nicht endgültig auf der Strecke bleiben. So überlege ich mir, ob ich meine Buben bereits auf die Warteliste für den Fussballnachwuchs, die Gymi-Vorbereitungskurse und parallel dazu – sollte das Leben eine üble Wendung nehmen – für die RAV und die IV setzen lassen soll.

Diejenige für eine Wohnung, einen Altersheim- und Friedhofplatz können sie ja dann selber ausfüllen.

DA SIND WIR JA GRAD NOCH HEILIG

Unsere Familiensprache und Erziehungsmethoden sind geprägt von der temperamentvollen südländischen Kultur. Bei uns wird nicht nur lauter und unverblümter diskutiert als bei Schweizer Familien üblich, sondern auch lauter und häufiger gelacht und geweint. Vor allem unsere «mediterranen» Strategien zur Konfliktbewältigung können für «Nordländer» bisweilen befremdend und abnormal wirken. Doch was normal ist, entscheidet jede Kultur für sich selber.

So fällt es mir dieses Jahr auf, dass in meinem Heimatland Eltern viel weniger zimperlich mit ihren Kindern umgehen als in der Schweiz. Spurt ein Kind nicht, fackelt hier keiner lange herum, sondern man greift sofort zur bei uns verpönten Methode der Drohung. Und zwar nicht etwa zur im Notfall akzeptablen Variante «Du gehst ohne Znacht ins Bett», sondern man fährt mit gröberem Geschütz auf und droht den Kindern, «dass sie von den Zigeunern entführt werden». Überhaupt kommt bei jedem zweiten Schimpfen der «schwarze Mann», «das Monster» oder der «Menschenfresser» daher. Da kann der Schweizer Samichlaus einpacken. Streckt ein Kind die Zunge raus, verzichten hiesige Eltern auf «Das ist jetzt aber gar nicht lieb»-Floskeln, sondern greifen grad nach ihr und drohen, sie ihm aus dem Mund zu reissen. Zurechtweisungen bekommen mit einem Handschlag auf den Hinterkopf den nötigen Nachdruck, und bei so vielen «Ti picchio» – «Ich hau dir eine» –, die hier Eltern täglich aussprechen, käme man in der Schweiz wohl ins Gefängnis. Und doch gibt es kaum ein Land, in dem Kinder einen so hohen Stellenwert haben und derart verwöhnt werden wie in Italien.

Ist diese Erziehungsmethode nur schlecht? Mir sind jedenfalls Hunde, die bellen, aber nicht beissen, sympathischer als der umgekehrte Fall. Ganz zu schweigen davon, dass ich mir hier in der Schweiz wie eine Heilige vorkomme.

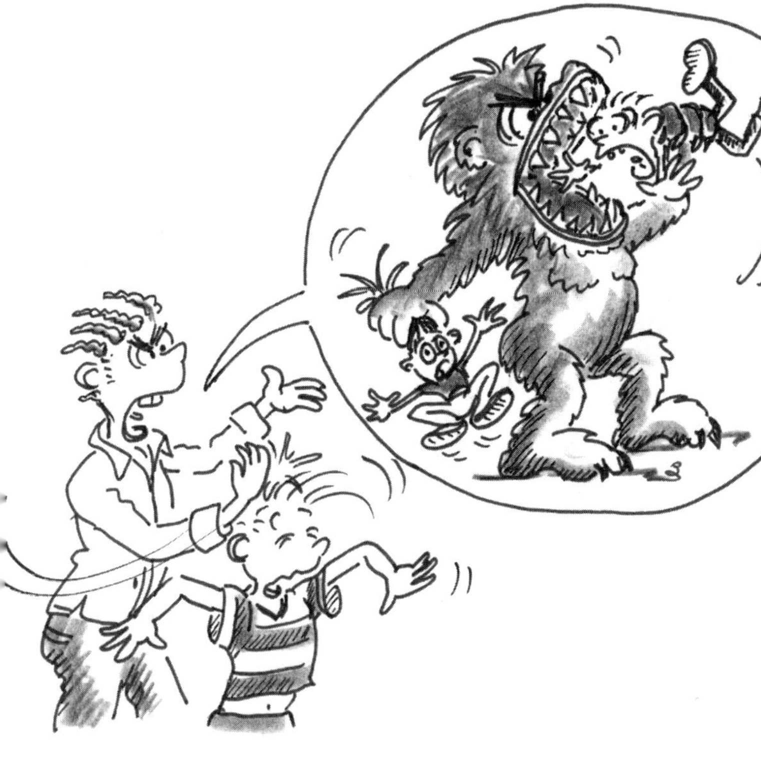

I'VE GOT THE BLUES

Kennen Sie dieses Gefühl, das einen Sonntagabend überkommt, wenn man aufs rasant vergangene Wochenende zurück und auf die neue, unendlich lange Woche voller unüberwindbar scheinender Herausforderungen blickt? Dieses Gefühl, das einem die Kehle zuschnürt, schmerzend auf die Brust drückt und einen so melancholisch und traurig macht?

Und kennen Sie die zigfache Steigerung davon, wenn dieses Gefühl einen am Sonntag nach den Ferien überwältigt? Setzen Sie jetzt zusätzlich einen oben drauf, aufgrund der wartenden, noch unbekannten Veränderungen, die der baldige Kindergarteneintritt des Grossen mit sich bringen wird, und dann wissen Sie, wies mir jetzt grad so geht. In solchen antriebslosen Augenblicken hilft es mir, wenn mir jemand sein Mitgefühl zeigt und mir einen kleinen Lichtblick im pechrabenschwarz erscheinenden Wochentunnel, durch welchen ich hindurchmuss, aufzeigen kann. Doch wer soll mir dieses Mal helfen? Das Familienoberhaupt kämpft selber bereits geistig mit dem aufwartenden Pendenzenberg im Geschäft, den sich unterdessen bereits wieder angesammelten Arbeiten im und rund ums Haus und den verschiedenen weiteren Kommissionen, wie die hagelgeschädigte Familienkarosse zur Reparatur bringen und die weiteren Schritte in Sachen Umbau einleiten. Der Grosse nagt an seinem ersten Anflug von Liebeskummer und ist selber hin und her gerissen zwischen sehnsüchtigen Erinnerungen an Sonne, Meer, Musik und Tanz, und je näher der Termin heranrückt, umso verhaltener die Vorfreude auf den bevorstehenden Kindergarteneintritt. Und der Kleine ist schlichtweg zu klein, als dass er mir eine grosse emotionale Stütze sein könnte. Augen zu und durch! Und nächste Woche berichte ich Ihnen, ob und wie ich den Wiedereintritt in den Alltag und –dieses Mal ganz speziell – den Übertritt ins Kindergartenleben geschafft habe.

DAS LEBEN IST GUT

Geschafft! Ich bin zurück vom Kindergarten, und es hat alles bestens geklappt! Dass der erste Kindergartentag so gut über die Bühne gegangen ist, verdanke ich ganz vielen Menschen: Da sind allen voran die zahlreichen aufmunternden und kraftspendenden Leserreaktionen zu erwähnen, die auf meine letzte Kolumne hin erfolgt sind. Zu wissen, dass auch andere den Blues kennen, hat mir ganz ehrlich gesagt am meisten geholfen. Auch die tolle Vorbereitung und die einfühlsame Durchführung des ersten Kindergartentages durch die beiden Lehrpersonen sowie die gute Zusammenarbeit mit dem Hort hat viel dazu beigetragen, dass ich meine ganze innere Anspannung rasch ablegen und sich der Knoten in meinem Hals wieder lösen konnte.

Am meisten hat mir aber mein eigener Sohn geholfen! Er war es, der bereits am Samstag seinen Znüni für die ganze Woche einkaufen wollte und dafür nur haufenweise Gesundes wie Äpfel, Rüebli und Zwieback in den Einkaufswagen legte, da er schliesslich «rasch gross und gescheit» werden wolle. Er war es auch, der am Sonntagabend vorbildlich seinen Rucksack, sein Znüniböxli und seine Finken sorgfältig bereitlegte und mich daran erinnerte, dass er im Fall noch eine Trinkflasche benötige. Und er war es schliesslich, der heute Vormittag voller Freude, aber gleichzeitig so ruhig und besonnen neben mir her zum Chindsgi marschierte und mir erklärte, wo und wie er auf die Strasse achten müsse.

Ihn zufrieden und erwartungsvoll im Chreisli sitzen zu sehen, zu erleben, wie er sich unbefangen in das neue Abenteuer hineingibt, wie er sich noch etwas schüchtern zwar, aber doch zu Wort meldet oder wie er genüsslich an seinem Rüebli nagt, hat mich zu Tränen gerührt. Dieses Mal allerdings zu Freudentränen!

Ja, sie hatten alle recht – das Leben meint es eigentlich immer gut. Man muss nur auch etwas darauf vertrauen können. Danke!

DER BERG RUFT

Bezüglich Ferien legen viele Secondos ein ähnliches Verhalten an den Tag: Sie reisen Jahr für Jahr an die immer selbe Feriendestination – meist den Heimatort väterlicherseits. Dies tun sie natürlich nur im Sommer, weil es dann am schönsten und wärmsten ist. Und weil die Reise in der Regel mehrere Hundert Kilometer weit ist, wird – damit sich die Reisestrapazen überhaupt lohnen – das gesamte Ferien- und Feiertagsguthaben in dieses eine Jahreshighlight investiert.

So reiste auch ich jahrelang Sommer für Sommer an den immer gleichen Ort in Italien und beneidete meine Schweizer Klassenkameraden, die «nur» ins Tessin fuhren oder gar einen Sommer zu Hause bleiben «mussten». Vor allem beneidete ich sie um ihre gestaffelten Ferien: Während ich nach einer Überdosis Sommer ein ganzes Jahr lang wieder auf Entzug gesetzt wurde, verreisten sie in den Herbst- oder Sportferien oder beide Male und erlebten dadurch mehrere Höhenflüge im Verlaufe eines Jahres. Nichtsdestotrotz habe ich dieses südländische, tief verankerte Ferienverhalten auch mit meiner eigenen Familie weitergepflegt – sei es aus Respekt gegenüber Traditionen, sei es vielleicht vielmehr aus Bequemlichkeit und Trägheit.

Doch jetzt ist die Zeit reif für einen Traditionsbruch – alleine schon wegen der neuen Ferienorganisation, die der Kindergarteneintritt des Grossen mit sich gebracht hat. Die Basis für ein neues Ferienverhalten haben wir bereits im Sommer gelegt, als wir «nur» zwei Wochen nach Italien ans Meer fuhren. Unsere Ferien-Restanz setzen wir nun erstmals für Herbstferien ein: Glarner Berge, wir kommen! Definitiv von der Familientradition abgenabelt und vollends integriert, wollen wir nächste Woche die Berge so richtig rocken!

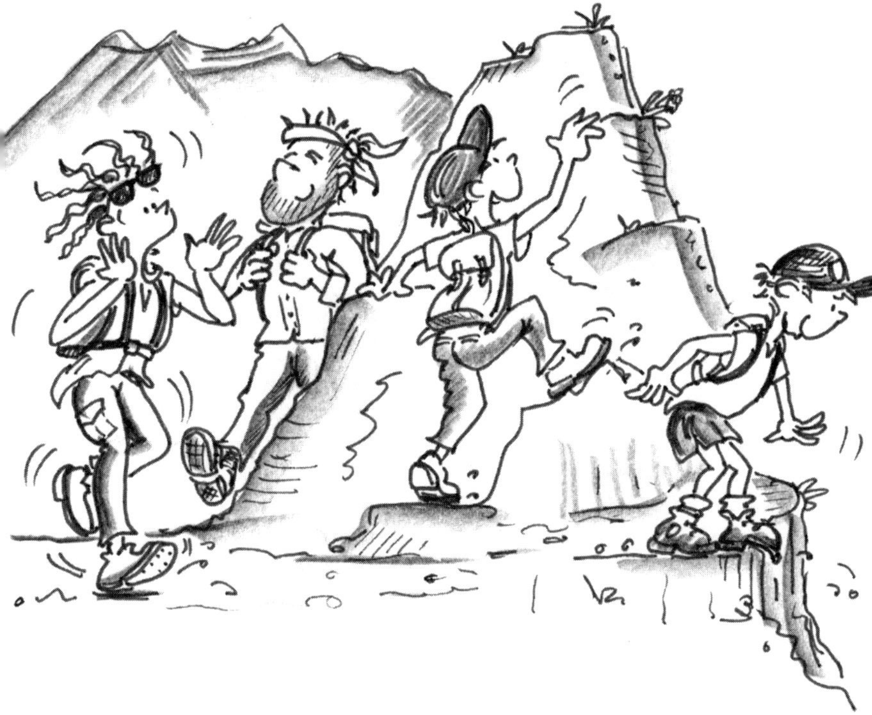

DIE NABELSCHNUR

«Ich wünschte, ich könnte dich zurück in meinen Bauch versorgen.» Dieser Spruch, den mir meine Mutter zu predigen pflegte, ist mir während unserer Ferienwoche laufend in den Sinn gekommen. Damals habe ich ihn nicht kapiert, und ich habe mich masslos darüber geärgert. Aber wie so manche Dinge, die meine Mutter sagte, verstehe ich heute, was sie damit meinte.

Zum Unverständnis des Familienoberhaupts war ich während unserer Wanderungen viel ängstlicher als es und mahnte: «Schaut auf den Boden, lauft nicht zu nah an der Böschung, klettert nicht zu hoch!» Überall sah ich Abgründe und die Möglichkeit, die Köpfe auf spitzen Steinen aufzuschlagen. Im Wasserpark warnte ich vor den schnellen Rutschbahnen, den rutschigen Böden und den frechen Kindern, die einem auf den Kopf springen könnten. In meiner Fantasie sah ich Schürfwunden, ausgeschlagene Zähne und nach Luft ringende Buben. Nicht einmal im Kinderzoo oder an der Glarner Viehschau konnte ich das Mahnen lassen: «Ponys beissen hinterhältig ins Gesicht, Esel schlagen aus, und Kühe rammen einen zu Boden.» Mit zunehmender Selbstständigkeit der Buben wünsche ich mir auch, ich könnte sie zurück in meinen Bauch versorgen. Warm, gepolstert und abgeschirmt von allen Gefahren würde ich sie wandernd über Stock und Stein führen, mit ihnen wohlige Bäder geniessen oder ihnen Tierstimmen vorspielen.

Das Familienoberhaupt begreift dies nicht. Schliesslich hat es bei der Geburt die Nabelschnur eigenhändig durchgetrennt und somit den Grundstein für die Abnabelung der Buben gelegt. Ich hingegen komme mir wie eine Gliedamputierte vor, die das fehlende Körperteil ein Leben lang spürt. An dieser Phantomschnur werde ich die Buben zeitlebens, wenn auch nicht mehr ganz in den Bauch zurück, so doch von allen Gefahren wegziehen. Egal, wer's kapiert oder nicht.

DIE SAMICHLAUS-LÜGE

Zu einem meiner enttäuschendsten und deshalb einschneidendsten Kindheitserlebnisse gehört die Entlarvung des Samichlaus. Nie werde ich das Bild vergessen, wie sich der Samichlaus – nach erfolgter Predigt – bei uns in der Küche mit abgewandtem Rücken den Bart über das Kinn und den Mund zog, um noch rasch das von meinen Eltern offerierte Schnäpsli zu exen, bevor er in der nächsten Stube die nächsten Kinder für dumm verkaufen sollte.

Dieser Anblick brachte meine bis dahin noch heile Welt fundamental ins Wanken, und bis heute weiss ich nicht, was mich mehr kränkte: die Tatsache, dass ich realisieren musste, dass der Samichlaus doch nur ein Mensch war mit ganz primitiven Gelüsten, oder die Tatsache, dass meine Eltern ganz offensichtlich jahrelang mit ihm gemeinsame Sache gemacht hatten. Eine solche bittere Enttäuschung möchte ich meinen Buben ersparen. Doch es ist gar nicht so einfach. Kinder sind bekanntlich ja nicht dumm. Stellt sich bloss die Frage, weshalb mancher Samichlaus dies nicht wahrhaben will und ausgerechnet an auf Kinder spezialisierten Orten wie Spielwarenläden die schlimmsten Anfängerfehler in Sachen Schauspiel begeht. So entdeckten wir letzten Samstag ein ganz peinliches Samichlaus-Exemplar, bei dem man vom Schiff aus gesehen hat, dass er nicht echt ist: ein billiger und zerknitterter Anzug, ein sichtbarer Gummizug um den weissen Bart, unter dem der eigene, dunkle Dreitagebart zum Vorschein kam, Hochwasserhosen, unter denen – wir befanden uns ja schliesslich im Aargauischen – weisse Socken in Halbschuhen zu sehen waren. Nichts wie weg hier! Natürlich wird die Wahrheit über den Sa-

WAS UNSERE BUBEN VOM SAMICHLAUS HALTEN, ERFAHREN SIE HIER:

michlaus auch in unserer Familie eines Tages ans Licht kommen. Aber bitte nicht hier, nicht jetzt und schon gar nicht so!

MEIN EIN UND ALLES

Man sieht sie dieser Tage wieder überall: diese mit Wasser gefüllten gläsernen Kugeln, die kleine Figuren enthalten und in denen sich Partikelchen befinden, die beim Schütteln aufwirbeln und sich dann wie Schnee langsam wieder absetzen und die in der Kugel enthaltenen Figuren richtiggehend einschneien.

Seit ich denken kann, sind solche Schneekugeln für mich der Inbegriff für meine kleine, heile Welt, in die nichts Böses eindringen darf und in der alle Figürchen vor Ungemach geschützt sind. Und seit ich beten kann, stellen Schneekugeln zwei Hände dar, die schützend und wärmend die wichtigsten Protagonisten in meinem Leben umgeben.

Nacht für Nacht nehme ich in Gedanken meine kleine Schneekugel hervor, hebe sie behutsam in die Höhe und bete, jedes einzelne Figürchen darin möge mir ewig lange gesund und zufrieden erhalten bleiben.

Die Gebete werden immer länger, denn in meiner Schneekugel befinden sich nicht mehr wie früher nur meine Eltern und meine Schwester. Längst bietet meine kleine Schneekugel auch meinen Buben, dem Familienoberhaupt und dessen Eltern und Geschwistern sowie meinem Göttibuben mit seinen Eltern Unterschlupf. Ganz eng beieinander stehen meine Figürchen da und geben sich gegenseitig Sicherheit und Wärme. Und wie mein Herz passt sich die kleine Schneekugel magisch und unsichtbar an und kann nie zu klein werden, um all meinen Liebsten einen eigenen Platz zu bieten.

So betrachte ich jede Nacht gleichzeitig entzückt und besorgt meine Schneekugel von aussen und schüttle sie zum Abschluss

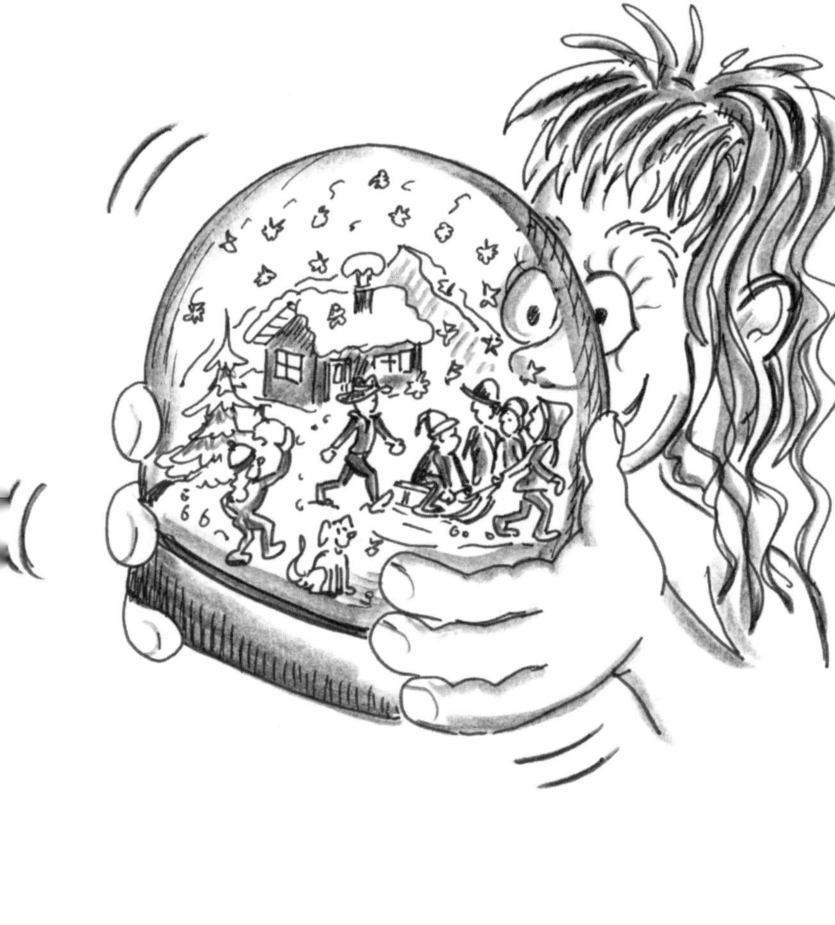

meiner Gedanken ganz behutsam: Der rieselnde Schnee über meine Figürchen vermittelt Sicherheit, Friede und Stille, und ich kann etwas beruhigter einschlafen.

Durch Kinderaugen sehen

Ich dürfte gerade im Alter unseres Grossen gewesen sein, als ich an einem Adventsabend im Glarnerland meine Mutter zum Büroputzen begleiten durfte. Während meine Mutter ihre Arbeit verrichtete, wartete ich wie immer im grossen Sitzungszimmer und vertrieb mir die Zeit mit Büechli aaluege oder mit Zeichnen.

An diesem Abend roch es bereits auf dem Weg zur Arbeit nach Schnee, und während ich so dasass im grossen Sitzungszimmer, fing es ganz langsam an zu schneien. Es war nichts mehr mit Büechli aaluege – gebannt verfolgten meine Augen die riesigen Schneeflocken, die sich im Licht der gegenüberliegenden Strassenlampe im Zeitlupentempo auf die Bahngeleise legten. Allmählich vermehrten sich die Schneeflocken, und in kürzester Zeit war alles weiss und das Licht der Strassenlampe nur noch als blasser Kegel durch die nun wild wirbelnden Schneeflocken erkennbar. Spätabends – der Schneeflockensturm hatte sich gelegt – stapften dann meine Mutter und ich durch eine herrliche und dumpfe Schneelandschaft nach Hause zurück.

Jahr für Jahr vermag der erste Schneefall dieses zauberhafte Bild und diese magische Stimmung wieder hervorzurufen. Jedes Mal sehe ich vor meinen Augen genau jenes Bild von jenem Abend, aus genau jenem Fenster. Und jedes Mal vermag mich der erste Schneefall tief zu berühren. Samstagabend waren es meine Buben, die vor dem Stubenfenster standen. Mit gequetschten Nasen und glänzenden Augen bestaunten sie den rieselnden Schnee durch die Gucklöcher, die sie mit ihren Patschhänden auf der atembeschlagenen Fensterscheibe offen geputzt hatten.

Mucksmäuschenstill liessen sie den Zauber auf sich wirken, und ich glaubte zu spüren, wie sich dieses Bild in ihre Erinnerung prägte. In diesem Augenblick waren wir drei, die die Welt mit Kinderaugen sahen!

SCHLAFENDE HUNDE NIE WECKEN

Als mir kürzlich eine befreundete Mutter gebeichtet hat, dass sie – um ihr schlafendes Baby nicht zu wecken – ihre Kleider mit der Taschenlampe aus dem Schrank klauben würde, kam bei mir alles hoch, und zwar gleich doppelt: Etliche Erinnerungen an ähnliche «Verzweiflungstaten» kamen in mir auf und damit auch das flaue Gefühl im Magen, das sich einstellte, weil sich dieser aus lauter Angst, das Kind würde aufwachen und nie wieder einschlafen, panikartig zusammenzog und zu einem Klumpen mutierte.

Jeder noch so kleine Mucks erzeugte dieses beklemmende Gefühl, das mich bisweilen heute noch einholt, wenn die mittlerweile bestens schlafenden Buben nachts einmal hüsteln. Aber was einmal so durch Mark und Bein gegangen ist, das bleibt für immer gespeichert.

Praktisch alle Eltern kennen das: Es beginnt damit, dass man Abende lang ziellos mit dem Auto herumfährt, damit das Kind endlich seinen Schlaf findet. Gelingt dies, geht die Irrfahrt erst recht weiter, denn einerseits könnte es ja gleich wieder erwachen und andererseits muss man sich mittels nächtlicher Fahrt durch ein Drive-in ja auch irgendwie am Leben erhalten. Zu Hause kommen dann die fragwürdigsten Strategien zum Einsatz, wie man das Kind schlafend ins Bett bekommt. Weil diese kläglich versagen, beugt man sich schliesslich über das Gitterbett zu ihm herunter und hält bei schmerzendem Rücken sein Händchen. Jegliches Räuspern wird vermieden, sogar das Atmen wird unterdrückt. Irgendwann frühmorgens versucht man sich im Zeitlupentempo von seiner Hand zu befreien und robbend – allen knarrenden Stellen ausweichend – aus dem Kinderzimmer zu stehlen, um kurz vor der Türschwelle mit lautem Geschrei wieder zurück ans Kinderbett beordert zu werden, um endlos weiter Händchen zu halten. Logisch, dass es einem die ganze Zeit speiübel ist, oder?

Und apropos: Ich leuchte auch heute noch oft mit meinem Handy das Treppenhaus oder den Kleiderschrank aus – geprägt ist geprägt.

DER HIMMEL KANN NOCH WARTEN

Als ich zur Schule ging, galt ich als eine Globetrotterin unter meinen Mitschülern. Kein Wunder, fuhren wir Ausländerkinder doch jeden Sommer vier Wochen lang ganz weit weg: nach Italien, nach Spanien oder gar in die Türkei! Stunden- bzw. tagelang waren wir mit dem Auto abenteuerlich unterwegs in für Schweizer Kinder meist noch unbekannte, ferne Länder! Neidisch bestaunten sie nach dem Ferienende unsere Bräune und unsere Mitbringsel aus den heimatlichen Märkten. Selber waren sie «nur» im Tessin gewesen, bestenfalls gar ein paar Tage in Bibione. Aber weiter weg ging damals fast niemand in die Ferien.

Was meine Schulkameraden nicht glauben konnten: Ich war genauso neidisch auf sie, die den herrlich frischen Sommer in der Schweiz verbringen durften, während ich unter dem «Sol Leone», der südländischen Löwensonne, zu ächzen hatte. Sie, die tagelang in der Badi ihre sozialen Kontakte auch während der Ferien pflegen konnten, während ich nach der obligaten Woche am Meer den Rest der Ferien in einem verwunschenen Dorf inmitten des Nichts darben musste. Sie, die den 1. August feiern konnten, während ich diesen Jahr für Jahr verpasste.

Heute ist es genau umgekehrt: Kaum ein Kleinkind, das nicht bereits im ersten Lebensjahr meilenweit geflogen wäre – nach Ägypten, nach Thailand oder gar nach Australien. «Was, ihr seid als Familie noch nie geflogen?» Nein, wir sind als Familie noch nie geflogen. Weder aus Angst noch aus Geiz, sondern weil es uns einfach nicht unter den Nägeln brennt. Für uns kann der Himmel vorerst noch warten. Und wenn es die Buben ihrer Mamma gleichtun, dann fliegen sie erstmals mit geschlagenen zwanzig Jahren – und dies auch nur bis nach Rom.

DIE UNENDLICHKEIT IM ZEITRAFFER

Durchwachte Nächte Händchen haltend neben dem Kinderbett und auf der Chrabbeldecke, nie enden wollende Tage mit Babys, die zu nichts mehr fähig sind, als auf dem Rücken zu liegen, kamen für mich als Mutter dem Gefühl von Unendlichkeit sehr nahe.

Während des Kleinkindalters meiner Buben schien die Zeit häufig stillzustehen. In diesem Zustand der Starre war ich oft der Überzeugung, dass es kein Morgen geben würde – zumindest nicht in einer für mich absehbaren Zeit. Niemals würden meine Babys lernen durchzuschlafen, zu laufen, anständig zu essen, geschweige denn selbstständig zu spielen und mich für einen kurzen Augenblick in Ruhe zu lassen. Aber plötzlich standen meine Buben auf, liefen, sprangen, balancierten auf ihren Laufrädern und fahren nun Trottinett und Velo. Sie begannen, auf Bäume zu klettern, lernten, Ski zu fahren und Fussball zu spielen, und brauchen zum Schwimmen nun keine Flügeli mehr. Sie schliefen irgendwann mal durch und wurden trocken. Sie lernten reden, zeichnen, basteln und können heute sogar mit Messer und Gabel hantieren. Sie trotzen fast nicht mehr, werden langsam vernünftig und entwickeln ihre ganz eigene Persönlichkeit. Sie schiessen in die Höhe, ihr Babyspeck verschwindet, und ihre unter Schmerzen hervorgebrachten Milchzähne fallen bereits wieder aus.

Hatte ich nicht erst grad die Eingewöhnungsphase in der Krippe durchzustehen, die ersten Abnabelungsversuche zu verdauen? Wie kam es, dass der Grosse bereits sein erstes Kindergartenjahr erfolgreich absolviert hat, allein und furchtlos seinen Weg geht, an seinen freien Nachmittagen mit seinen Freunden abmacht und der Kleine ungeduldig seinem eigenen Eintritt in den Kindergarten, in eine neue Ära seiner Kindheit, entgegenfiebert?

Wie im Zeitraffer lasse ich die letzten sechs Jahre immer wieder aufs Neue Revue passieren. Nie verging die Zeit schneller.

FUSSBALL-EM OHNE «KAKA»-STIMMUNG

Geburtstermintechnisch haben das Familienoberhaupt und ich nicht wirklich ein glückliches Händchen an den Tag gelegt: Der Grosse kam 2006 kurz vor der WM in Deutschland zur Welt, der Kleine 2008 kurz vor der EM in der Schweiz. Wie es sich mit Säuglingen und Kleinkindern fanen lässt, können Sie sich bestimmt vorstellen: Die Spiele wurden in der heiss-schwülen Stube tonlos gesehen, wenn sie überhaupt vom An- bis zum Schlusspfiff mit wenigstens einem Auge verfolgt werden konnten.

An der WM 2010 war der Grosse zwar schon in der Lage, Shakiras «Waka-Waka» nachzuträllern, doch beim Kleinen herrschte nach wie vor mehr Kaka-Kaka-Stimmung als etwas anderes – Sie verstehen schon. Das Familienoberhaupt und ich waren nah dran, das Thema Tschutten definitiv an den Nagel zu hängen: unmöglich, aus den Meisterschaften solch intensive und unvergessliche Familienerlebnisse zu machen, wie wir sie in unserer Jugend mit unseren Eltern erlebt hatten.

Doch diese EM erwies sich zu unserer Freude als unsere erste, richtige Familienmeisterschaft! Die Buben waren endlich imstande, eine Halbzeit am Stück zu verfolgen, und liefen nicht aus dem Ruder, wenn sie ein paar Abende lang erst später ins Bett kamen. Sie kannten Spielernamen und Flaggen, sangen inbrünstig die italienische Hymne, fieberten mit, freuten und ärgerten sich und waren traurig, dass unsere Herzmannschaft schliesslich nicht gewonnen hatte. All diese gemeinsam erlebten Emotionen haben unserer Familie einen weiteren Stempel aufgesetzt und uns weiter zusammengeschweisst.

Aber auch ausserhalb unserer Stube regierte die Familie den Fussball: Spieler, die ihre Energie und Motivation aus ihren Familien schöpfen, die ihre Tore ihren Müttern widmen und ihre Siege mit ihren Kindern auf dem Rasen feiern, haben aus dieser EM definitiv eine bewegende Familienangelegenheit gemacht!

DAS PuFF-BIGELI

Kennen Sie es auch? Dieses Bigeli aus Papier, Zetteli, Zeitungsausschnitten, Quittungen und Bons, das Sie irgendwo anlegen und einfach nicht kleiner kriegen? Dieses Bigeli, das Sie von rechts nach links und wieder zurück stapeln, ohne dass Sie daran wirklich etwas abarbeiten?

Ich habe so eins. Und was für eins. Es ist unterdessen so hoch, dass es mir schwerfällt, das Bigeli an Mäppli und losen Blättern in ein Gleichgewicht zu büscheln, und es liegt zurzeit – zum Ärgernis des Familienoberhaupts – immer genau da, wo es nicht liegen sollte: auf seinem Stuhl, auf seinem Tischset oder auf seinem Notebook. An diesem Puff-Bigeli hängt er mich natürlich auf: «Chasch die Waar nöd äntli emal ablegge? Chasch die Post-its würkli nöd in Familiekaländer überträge? Wie isch es möglich, dass du so funktioniere chasch? Bringsch es würkli nöd fertig, äs biz Ornig z ha?»

Nein, ich bringe es nicht fertig. Mein Puff-Bigeli kann ich nicht in Ordnung bringen. Ich, die sonst in allen Dingen oberpingelig ordnungsliebend bin, lasse dieses Puff-Bigeli einfach stehen. Gegenüber diesem Puff-Bigeli fühle ich mich ohnmächtig – ja schlichtweg handlungsunfähig.

Irgendwie stellt das Puff-Bigeli das Gegenstück für alle Erwartungen dar, die ich täglich erfülle: für die optimale Lagerbewirtschaftung zu Hause, für jedes Essen, das ich pünktlich auf den Tisch zaubere, für jeden Familientermin, den ich einhalte und für jedes Troubleshooting, das ich auf meine Schultern nehme, resultiert auf der anderen Seite ein Fresszettel als Output für mein Puff-Bigeli.

Je höher der Druck, je grösser der Stress, je turbulenter die Zeiten, umso grösser das Puff-Bigeli, das im wahrsten Sinne zu einem Spiegel meines Gemütszustandes geworden ist. Und genau deshalb will ich es auch gar nicht verräumen. Als eigentliches Mahnmal soll es täglich darauf aufmerksam machen, dass ich – je höher das Bigeli wird, umso tiefer im Sumpf stecke.

DER GESCHMACK DER KINDHEIT

Kennen Sie diese Flashbacks, diese Déjà-vus, die, ausgelöst durch eine Melodie, durch einen Duft oder einen Geschmack wie dieser Tage die Sternschnuppen aufglühen und verlöschen und Erinnerungen an vergangene Tage wecken?

Mich können alte Songs, die ich zufällig am Radio höre, oder einmal getragene Parfüms, deren Duft ich irgendwo rieche, am besten in alte Zeiten versetzen und die damaligen Gefühlszustände wiedererleben lassen. Während des Bruchteils einer Sekunde kann alles wieder zur Wirklichkeit werden: ob Liebes-

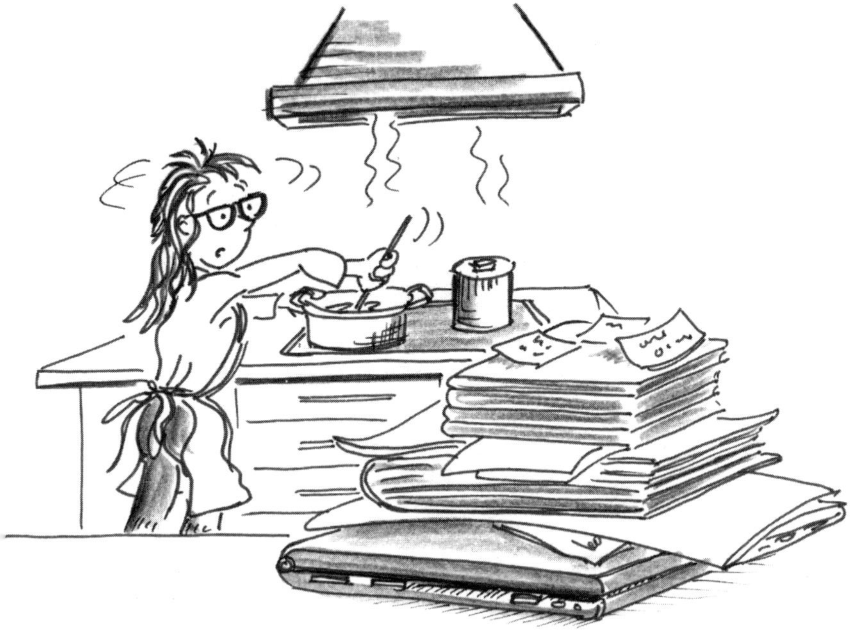

kummer, Ferienerinnerungen, Schwangerschaften oder Geburten – alles fühlt sich genauso an wie damals.

Nun ist mir während der Ferien ein Flashback der ganz besonderen Art passiert, und zwar als ich eines Abends vor dem Zubettgehen im Halbdunkeln irrtümlicherweise die Zahnpasta meiner Buben erwischt habe. Dieser fruchtig-prickelnde Geschmack auf der Zunge hat mich schlagartig in meine Kindheit zurückkatapultiert und mich für die Länge einer Zähneputzete in die bescheidene Küche meines Elternhauses zurückversetzt, wo ich Abend für Abend meine Zähne mit einem Spieglein in der Hand über der Geschirrspüle putzte. Ein Gefühl der Unbeschwertheit und der Geborgenheit übermannte mich, und noch nie habe ich mich beim Zähneputzen so glücklich gefühlt wie in dieser Feriennacht ganz allein im dunklen Badezimmer.

Dieses Erlebnis war so tief gehend, dass ich es Ihnen wärmstens zur Nachahmung empfehle! Und wenn Sie möglicherweise keine fruchtige Zahnpasta mögen, können Sie denselben Effekt erzielen, wenn Sie in den nächsten heissen Tagen ganz spontan wieder einmal an einer Raketenglace lutschen. Ich garantiere Ihnen einen einzigartigen Augenblick des Glücks!

EMANZIPATION UND INTEGRATION

KNABENSCHIESSEN SEI DANK!

Möglichst gelassen und gut organisiert – ich kann es angehen, wie ich will: Nach den Sommerferien überfällt mich früher oder später immer diese Null-Bock-Stimmung, die mich im Kalender bereits wieder Ausschau halten lässt nach den nächsten Ferien oder Feiertagen.

Doch das zweite Halbjahr bietet diesbezüglich keine wahren Highlights. Anders als im ersten Semester des Jahres, in welchem man sich locker von Ostern über Auffahrt und Pfingsten elegant von Feiertag zu Feiertag und von einem verlängerten Wochenende zum anderen bis zu den Sommerferien durchhangeln kann, trifft man im zweiten Semester bis Weihnachten nur auf gähnende Leere im Kalender.

Wäre da nicht ein Feiertag, der in herkömmlichen Familienkalendern aber nicht rot eingetragen ist, da es sich nicht um einen sogenannten hohen Feiertag handelt, der schweizweit gilt. Aber dies kann uns Zürchern ja egal sein, Hauptsache, wir wissen, dass am zweiten September-Wochenende immer unser grösstes Volksfest gefeiert wird: das Knabenschiessen, freier Montagnachmittag inklusive!

Während ich erleichtert im Familienplaner das nächste Wochenende rot markiere und mir dieses wie eine Matte beim Balle brûlée vorkommt, die Schutz bietet und wo man sich ausruhen kann, bevor's dann wieder bis Ende Jahr heisst:

LUST BEKOMMEN AUF EIN FEINES, SELBSTGEMACHTES MAGENBROT? HIER FINDEN SIE EIN GELINGSICHERES REZEPT:

Auf in den Kampf!, rieche ich schon den Duft von Bratwürsten und Magenbrot und freue mich aufgrund des noch jungen Alters unserer Buben zwar noch nicht auf die «Chnaabeschüüsset» – die es übrigens vor langer Zeit auch in meiner Heimat Glarus gab! –, dafür umso mehr auf den Chilbibetrieb und auf den anstehenden freien Montagnachmittag!

MÄDCHEN AN DIE MACHT

1971 – nur ein Jahr nach Zürich - wurde an der Landsgemeinde in Glarus das volle Frauenstimmrecht angenommen. Damit war Glarus der erste L-A-N-D-S-G-E-M-E-I-N-D-E-Kanton, der die Frauen mitbestimmen liess. Auch die katholische Kirche meiner Heimatgemeinde Schwanden zeigte sich bereits zu meiner Primarschulzeit als fortschrittlich und frauenfreundlich und erlaubte uns Mädchen damals schon, während der heiligen Messe zu ministrieren. Dies, obwohl die offizielle Zulassung von Mädchen für das Ministrantenamt erst 1994 durch den damaligen Papst Johannes Paul II. erfolgte und dadurch der in unserer Kirche längst übliche Einsatz endlich «legalisiert» wurde.

Nun treten auch in der Stadt Zürich die Mädchen Schritt für Schritt in scheinbar unantastbare Männerdomänen ein, beziehungsweise gewinnen in solchen gar die Vormacht. Längst bieten sie den Buben auf dem Fussballfeld Paroli. Fussball ist nämlich bereits auf Platz zwei der beliebtesten Mädchensportarten in Zürich gestiegen, Tendenz weiterhin steigend. Nach der Eroberung der Fussballfelder haben es Mädchen nun definitiv auch aufs traditionelle Knabenschiessen abgesehen. Zwar sind sie seit 1991 zur Teilnahme zugelassen, doch ihre Teilnahmequote und vor allem ihre Gewinnkadenz nimmt plötzlich rasant zu: Dieses Jahr war bereits ein Drittel der Teilnehmer weiblich, und auch dieses Jahr hat wieder ein Mädchen gewonnen!

Wie lange sich der Name des grössten Zürcher Volksfestes noch halten wird? Was meinen Sie?

AUS FIONA WIRD CONCETTA

Nachdem ich mich immer wieder mit der Frage auseinandergesetzt habe, wie lange es noch dauern wird, bis Frauen auch die letzten Männerbastionen erobern, ist mir bewusst geworden, dass ein ähnlicher Prozess auch in Sachen Secondos längst im Gang ist.

Wie die Frauen haben diese nicht nur die Fussballfelder der Schweiz, sondern mit Shaqiri und Co. gleich die Schweizer Fussballnati erstürmt, und wie die Frauen führen sie ihren Eroberungsfeldzug unaufhaltsam weiter, zwar nicht auf Männerdomänen, dafür auf urschweizerische Sitten und Gebräuche. Jüngstes Beispiel ist Naim Fejzaj. Dieser 17-jährige «Appenzeller» mischt die Schweizer Schwingszene mächtig auf – wohl weniger, weil er ein Riesentalent ist, sondern vielmehr deshalb, weil er gebürtiger Kosovare ist! Noch ist der Bursche eine Seltenheit, denn nur rund ein Prozent der Schwinger hat einen Migrationshintergrund, und ganz generell werden Sportarten mit schweizerischer Tradition noch ziemlich selten als Hobby ausgewählt. Dies wird sich ändern, und schon bald werden wir Secondos und Terzos auch beim Jodeln, Alphornblasen oder Hornussen voller Nationalstolz zujubeln. Und das ist gut so, denn all das bedeutet aktive Integration. Nicht nur der Jugendlichen, sondern auch gleich ihrer Eltern, die sie – wie Naim seine Eltern – zuerst zwar über diese eigenartig anmutenden Traditionen aufklären müssen, bevor sie sie dann – genauso stolz – an die Wettkämpfe mitnehmen.

Verfolgt man nun all diese Veränderungen und lässt den Gedanken freien Lauf, erscheint es plötzlich auch nicht mehr so absurd, dass an einer nächsten Albisrieder Viehschau die gekürte Kuh-Miss durchaus Concetta, Gülsen oder Dragana heissen könnte! Noch ist aber Fiona der beliebteste Schweizer Kuhname.

MISTER OBAMA
VS. HERR ZÜRCHER

Eigentlich möchte ich morgens im Bus ob all der – meist eher jüngeren – Menschen, die ganz vertieft den Auslandteil der Tageszeitung lesen, ein ganz kleines bisschen den Kopf schütteln. Natürlich interessiert es auch mich, was um uns herum passiert, doch frühmorgens meine Stirn wegen der anstehenden Präsidentschaftswahl in den USA oder der Ungerechtigkeit gegenüber Pussy Riot in Falten zu legen, erscheint mir ganz persönlich in meiner jetzigen Lebenssituation als eine Fehlallokation meiner Ressourcen.

Frühmorgens im Bus runzle ich meine Stirn eher ob der düsteren lokalen Wetterprognosen in der Gratiszeitung und ob der damit verbundenen Frage, welche Kleider für den verregneten Waldtag der Kinder wohl angebracht sein könnten. Oder ich blättere in der Lokalzeitung nach Kinderflohmis und Familienveranstaltungen und studiere auch gleich die beigelegten Aktionsflyer verschiedener Billiganbieter. Und wenn ich dann und wann doch mal dazu komme, eine Tageszeitung zu lesen, blättere ich innerhalb des Züriteils und beschäftige mich mit Themen wie der prekären Hortsituation oder der hohen Rückfallquote jugendlicher Straftäter in der Stadt.

Wenn ich aber in solchen Situationen zum Kopfschütteln ansetzen will, erinnere ich mich zum Glück an meine Jugend zurück. An die Zeit, in der ich das Landsgemeinde-Memorial ungelesen ins Altpapier warf, dafür über alle weltweiten Greenpeace- und Amnesty-International-Aktionen informiert war. Damals interessierte auch mich das Weltgeschehen mehr als die mir banal erscheinenden Alltagssörgeli vor der eigenen Haustür. Mit dem Alter, mit der Familie hat sich mein Fokus verändert. Er ist näher gerückt, kleiner und ja, vielleicht auch etwas bünzliger geworden. Aber zum Glück hält sich das alles die Waagschale: Den Jungen gehört die Welt, soll sie auch! – Derweil interessiere ich mich nun eben für die Präsidentschaftswahl in der Elternvereinigung!

DIE PLÄMPERLIZEIT

Die letzte Turn-, Schwimm- oder Fussballstunde vor den Ferien ist immer etwas ganz Besonderes für Kinder: Sie dürfen dann frei spielen, schwimmen oder eine ganze Stunde lang einfach nur tschutten. Für einmal müssen sie keine vorgegebenen Übungen absolvieren, für einmal findet kein eigentliches Training statt. Die Kinder können sich nach Herzenslust austoben und sich bereits auf die Ferien einstimmen.

Doch was Kindern ganz extrem gut gefällt, scheint vielen Eltern nicht so wichtig zu sein. Denn ausgerechnet diese entspannten letzten Lektionen vor den Ferien werden verhältnismässig schlecht besucht. Es mag dafür viele Gründe geben, doch irgendwie komme ich nicht umhin, zu fantasieren, dass es in diesen spielerischen Stunden vor den Ferien wohl nicht mehr viel herauszuholen gibt und eine Absenz deshalb auch keinen uneinholbaren Rückstand auf die anderen darstellt. Ganz anders als zu Semesterbeginn, wenn nicht wenige Eltern keinen persönlichen Präsenzaufwand scheuen und noch so gerne Freizeitopfer erbringen, um eine – aus ihrer Sicht – einigermassen akzeptable und der sportlichen Laufbahn möglichst förderliche Gruppeneinteilung zu erwirken. Und ganz anders als dann wieder zu Semesterschluss, wo es um die Auszeichnungen und Abzeichen sowie bereits wieder um die neuen Gruppeneinteilungen, sprich, Aufstieg geht. Ui, da strömen sie wieder in Scharen, die Eltern mit ihren Kindern, auf dass alles mit rechten Dingen zu und her gehe. Zugegeben: müde und gelangweilt von wochenlangen Begleiteinsätzen, habe auch ich mich während solcher Plämperlistunden oft gefragt, was ich eigentlich in dieser Halle oder in jener

Anlage genau mache. Ein Blick auf das ausgelassene Treiben im Wasser oder aufs leidenschaftliche mätchle liefert mir jedes Mal die Antwort: Es sind genau diese Plämperlistunden, welche die Kinder am meisten geniessen!

LECK MICH!

Ich wusste, dass es kommen musste. Ich wartete ja auch schon lange darauf. Doch was da genau gekommen ist, überrascht mich nun doch ziemlich und hinterlässt mich nicht nur ratlos, sondern regelrecht sprachlos, was in meinem Falle ein richtiges Kunststück darstellt.

Lassen Sie mich kurz ausholen. Man sagt ja, dass man ab dem Moment, in dem Kinder den Kindergarten besuchen, keine Handhabe mehr über ihr Verhalten hätte. Am deutlichsten bekommt man diesen Kontroll- und Machtverlust in Sachen Sprache zu spüren. Die Kinder kommen mit neuen Wörtern nach Hause, die von harmlosen Ausrufen wie «so cool, he», «he Mann, he» oder «oookay» zu in elterlichen Ohren doch etwas schmerzhafteren Bezeichnungen wie «Scheisse» oder «Arschloch» reichen. Nicht, dass Sie jetzt denken, ich sei so zart besaitet und hätte wegen dieser paar unanständigen Wörtli eine Krise. Nein: An diese Wörter habe ich mich zwar immer noch nicht gewöhnt, und ich finde sie nach wie vor einfach doof, aber ich hänge mich längst nicht mehr an ihnen auf. Und ganz ehrlich gesagt, haben mir meine Buben mit dem kürzlich heimgebrachten «Pimmel» sogar die Frage beantwortet, wie wir ihre Zipfel ihrem Alter entsprechend nun genau bezeichnen sollen. Weshalb also sollen Eltern überhaupt versuchen, eine anständige Umgangssprache zu pflegen, wenn der Kindergarten diesbezüglich ganze Arbeit leistet?

Doch beim letzten kindergärtlichen Mitbringsel blieb mir regelrecht die Spucke weg. Nicht das so befürchtete F***-Wort erwischte mich auf dem falschen Fuss, sondern das für italienische Verhältnisse mindestens in der Top Five der unanständigen Schimpfwörter anzusiedelnde «vaffanculo». Natürlich haben die Buben keine Ahnung, was sie da nachschwafeln. Und natürlich werde ich es ihnen NICHT erklären. Dem Verursacherprinzip folgend, und frei nach dem Motto «vaffanculo» soll diese Aufgabe der Kindergarten doch auch gleich übernehmen. Nimmt mich wunder, mit welcher altersgerechten Erklärung die Buben nach Hause kommen werden.

RÄBEN UND RABENELTERN

Auch der diesjährige Räbeliechtli-Umzug in Albisrieden ist wieder Geschichte. Und auch dieser Umzug hat mich emotional mitgenommen – doch auf eine andere Art und Weise, als Sie jetzt wohl denken mögen.

Der allererste Umzug mit unserem kleinen Grossen war der weitaus berührendste: Zu sehen, wie sich die Räbeliechtli in seinen neugierigen Augen spiegelten und sein Gesichtchen freudig erstrahlen liessen, erfüllte mein Mutterherz mit Glück. Der letztjährige Umzug, an welchem der Grosse zum ersten Mal mit seinen Kindergartengspänli unterwegs war, war der herzzerreissendste: Ihn mit seiner Räbe alleine ziehen zu lassen und die Eindrücke des Umzugs nicht mit ihm direkt teilen zu können, bereitete mir grosse Mühe. Immerhin konnte ich dies letztes Jahr noch mit dem Kleinen tun, der – zu jung für den Kindergarten – noch zusammen mit uns Eltern am Umzug mitzottelte.

WAS RABENELTERN VERPASSEN, SEHEN SIE HIER:

Dieses Jahr waren nun beide unabhängig von uns unterwegs. Mit den Räben, die ich am Vorabend noch für sie geschnitzt hatte, an der Hand marschierten sie stolz los. Der Grosse drehte sich nicht einmal mehr nach uns um, der Kleine lächelte uns nochmals kurz an, widmete sich aber sofort wieder seinen Freunden.

Was nun? Irgendwo am Strassenrand warten, bis sie vorbeilaufen? Oder vielleicht lieber die Gunst der Stunde nutzen und mit dem Familienoberhaupt etwas «Ausgangsstimmung» geniessen? Bei diesem Gedanken verflog meine ganze Melancholie nullkommaplötzlich, und nur wenige Minuten später sassen wir schon im Gasthaus Eyhof. Ja, schon etwas übel, dass so tiefe Gefühle mir nichts, dir nichts durch elementarste Bedürfnisse übertüncht werden können. Aber wissen Sie was? Wir waren längst nicht die einzigen Rabeneltern, die für einmal den Anblick von Bier und Wurst noch so schön verzierten Räben vorzogen!

GLÜCK UND GEBORGENHEIT

Jahr für Jahr vermag mich der erste Schneefall in meine Kindheit zurückzuversetzen: Ich sehe vor meinen Augen das immer selbe zauberhafte Bild und fühle die immer gleiche magische Stimmung wie an jenem für mich ganz besonderen Abend im Advent, als ich meine Mutter zum Büroputzen begleitete und während des Wartens gebannt nach draussen auf die Bahngeleise schaute, und als nie zuvor gesehene, riesige Schneeflocken im Nu alles weiss eindeckten.

Dieses Bild hat sich genauso in meinem Kopf eingeprägt wie die dumpfen Geräusche der frühmorgens auf der schneebedeckten Dorfstrasse vorbeirollenden Autos, bevor dann der erste Schneepflug es bestätigte: Es hat geschneit! Während ich noch im Bett lag und das einzigartige, vom Schnee reflektierte Licht im Schlafzimmer bestaunte, hörte ich bereits meinen Vater mit der Schneeschaufel um das Haus herum den frischen Schnee räumen. Früher als ohnehin schon jeden Tag stand er bei

Schneefall auf, räumte alles frei, auf dass meine Mutter, meine Schwester und ich trockenen Fusses das Haus verlassen konnten. Für mich war das damals Glück, Geborgenheit, Sicherheit und Unbekümmertheit in einem!

Diesen Montagmorgen fühlte ich mich einen Augenblick lang wieder zu Hause im Glarnerland, in einem schneelichtdurchfluteten Schlafzimmer, beschützt und aufgehoben in einer wohlig-dumpfen Schneewelt. Nur dass draussen nicht mein Vater, sondern der Vater meiner Kinder am Werk war. Auf dass seine Frau und seine Buben trittsicher und trocken in die neue Woche starten konnten.

Danke, liebes Familienoberhaupt, dass unsere Buben mit denselben wohltuenden Gefühlen und unvergesslichen Erinnerungen an den ersten grossen Schnee aufwachsen dürfen!

THE KINDERGARTEN

Sie ist in aller Munde – die baldige eidgenössische Abstimmung zum neuen Verfassungsartikel, der die Vereinbarkeit von Familie und Beruf fördern soll. Wie bei jeder Abstimmung sind die einen dafür und die anderen dagegen, in diesem Fall sogar sehr dagegen, wenn man das aktuelle Extrablatt der SVP liest bzw. auch nur zu Gesicht bekommt.

Traurige, weinende Kinder hinter Gittern warnen uns Stimmbürger davor, flehen uns regelrecht an, den Familienartikel keinesfalls anzunehmen. Denn dieser entziehe Eltern die Verantwortung für die Kindererziehung und – will man dem Titelbild Glauben schenken – zwinge Eltern gar dazu, ihre Kinder in gefängnisähnliche Kindertagesstätten zu stecken. Eigentlich wollte ich mich nicht in die Diskussion einmischen, weil es für mich zwar als teilzeitbeschäftigte Mutter klar ist, wie ich abstimmen werde, ich aber niemandem dreinreden will, was er oder sie zu tun hat. Zufälligerweise habe ich aber letzte

Woche ein Buch in die Hände bekommen, in dem 24 verkannte Schweizer Visionäre porträtiert sind. Und raten Sie mal, was ich da gefunden habe?

Ausgerechnet ein Glarner war es, der die ursprüngliche Idee des Kindergartens des deutschen Erziehers Friedrich Fröbel um 1885 in die USA exportierte und massgeblich für die weltweite, erfolgreiche Verbreitung dieser Art der staatlich unterstützten Kleinkinderziehung verantwortlich war. Kein Pädagoge hat das Bildungssystem der Neuen Welt so stark geprägt wie er, und nach wie vor gilt der Glarner in den USA als wichtigster Bildungspionier.

Was das jetzt alles mit dem Familienartikel zu tun hat? Ich weiss nicht so recht, aber zumindest wohl dies: Staatlich unterstützte Fremdbetreuung, sei es in Kindergärten oder Krippen, ist nicht a priori schlimm oder falsch, solange sie nach Fröbels Grundwerten erfolgt, nämlich Kinder mit Spiel, Gesang und Naturkontakt anzuregen und anzuleiten. Oder sehen Sie es anders?

FAMILIENBANDE

Kennen Sie den Film «Die Reise der Pinguine»? Diesen faszinierenden und berührenden Film des Antarktisforschers Luc Jacquet aus dem Jahr 2005, der die beschwerliche Lebenssituation der Kaiserpinguine in der Antarktis dokumentiert?

Das Familienoberhaupt und ich haben ihn gesehen. Damals war ich mit dem Grossen schwanger und – die erste Schwangerschaft bringt es bekanntlich mit sich – plötzlich sehr nahe am Wasser gebaut. Jede einzelne Filmsequenz ging mir unter die Haut: der wochenlange Marsch der Pinguine durch das ewige Eis, die zahlreichen Opfer, welche die Wanderung zur Brutstätte forderte, das mutige Beschützen der Eier zwischen den Beinen der Männchen, während sie im eisigen Sturm stoisch auf ihre Weibchen warteten, die den Jungen zu essen bringen würden.

Alles Leiden dieser Tiere, alle Liebe ihrem Nachwuchs gegenüber transferierte ich auf unsere menschliche Lebensweise und musste dabei mehr als nur einmal weinen.

Am beeindruckendsten fand ich, wie sich die Pinguin-Familien innerhalb der riesengrossen und unüberschaubaren Kolonien allein an der Stimme erkannten: Die Jungen prägten sich den Ruf der Eltern ein, und nur die jeweiligen Elternvögel reagierten auf die Rufe ihrer Kinder, die zum Teil weniger als eine halbe Sekunde dauerten!

Während unserer letztwöchigen Skiferien im tief verschneiten und kalten Braunwald wurde mir bewusst, wie ähnlich unser menschliches Verhalten demjenigen der Pinguine ist: Unter unzähligen behelmten und bebrillten Skischülern mit zum Teil gleichen Ski und Skianzügen und ebenso vielen Elternklonen brauchten das Familienoberhaupt und ich nur den Bruchteil einer Sekunde, um unsere eigenen Buben aus der unüberschaubaren Kinderschar ausfindig zu machen. Und das Berührendste dabei war: Kaum setzten wir zum Winken an, winkten uns unsere Buben – gesteuert vom selben unfassbar starken Instinkt – bereits auch schon zu!

ARBEITEN GEHT ÜBER STUDIEREN

Bauarbeiter will er also werden, unser Grosser. Jetzt zumindest. Denn man weiss: Die ersten Berufsträume von Kindern sind meist nicht von langer Dauer. Zunächst suchen sie ihre beruflichen Vorbilder im alltäglichen Umfeld, also zum Beispiel in der Person des Pöstlers, des Tramführers oder des Mannes von der Kehrichtabfuhr, bevor sie sich später aber auch an ihren Eltern orientieren.

Egal, wodurch Kinder bei ihrem Berufswunsch beeinflusst werden, Eltern sollten sie stets in ihren Berufswünschen un-

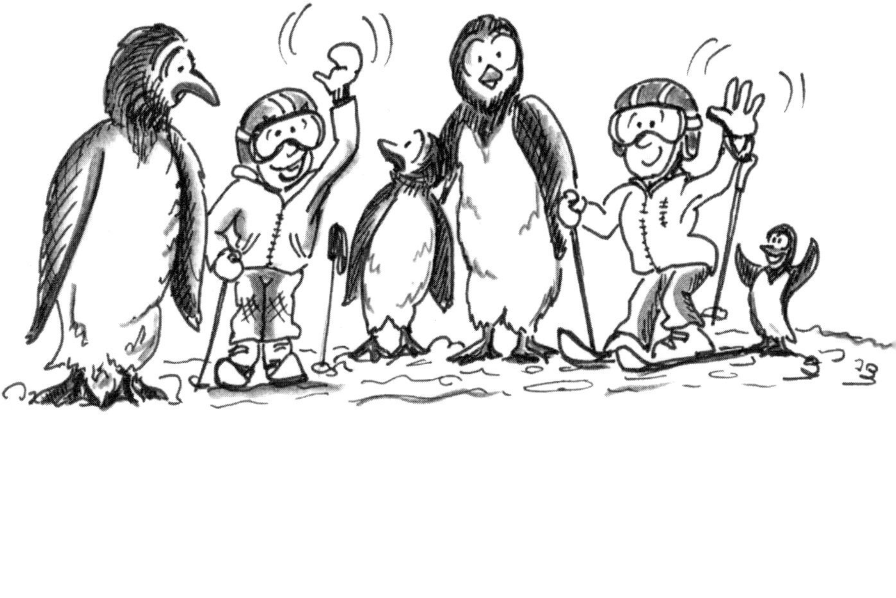

terstützen, auch wenn es ihnen manchmal schwerfallen dürfte. Weniger, weil vielleicht der Berufswunsch – wie im Falle der allseits geträumten Fussballerkarriere – schlicht und einfach unrealistisch ist, vielmehr oft deshalb, weil er nicht mit den elterlichen Vorstellungen übereinstimmt oder aber deren finanzielle Möglichkeiten überstrapaziert.

Was die elterlichen Vorstellungen anbelangt, bin ich zwiespältig. Wünschten sich meine Eltern, dass ich – koste es, was es wolle – einen akademischen Weg einschlage, weil sie diese Chance nicht hatten und weil sich auf diesem Weg Arzt oder Anwalt werden und – nach südländischem Gesellschaftsmodell – der höchste Grad an Respekt und Anerkennung sichern liessen, so weiss ich heute nicht, ob's mir nicht doch lieber wäre, unsere Buben würden eben nicht studieren gehen – zumindest nicht unbedingt in einem ersten Schritt – und dafür aus Überzeugung und mit Herzblut einen Beruf erlernen.

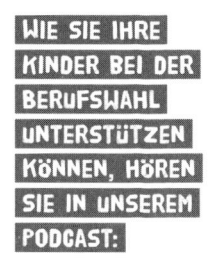

WIE SIE IHRE KINDER BEI DER BERUFSWAHL UNTERSTÜTZEN KÖNNEN, HÖREN SIE IN UNSEREM PODCAST:

Von daher bin ich zurzeit sehr zufrieden mit dem Berufstraum unseres Grossen. Sollte er sich doch noch umorientieren und seine Eltern als Vorbild nehmen, kann er ja immer noch studieren gehen. Doch dann bitte auf dem zweiten Bildungsweg, so könnte er – ha!, und das wäre der clevere Schachzug meiner Laufbahnstrategie – alles gleich selber bezahlen!

DIE WELT DER KINDER

Kennen Sie die Comicfiguren Calvin und Hobbes, diesen sechsjährigen Jungen und seinen Stofftiger? Als noch Kinderlose habe ich unzählige Calvin-und-Hobbes-Strips gelesen, und immer war ich derart fasziniert von Calvins überschwänglicher Fantasie: Für ihn war sein Tiger lebendig, und er konnte sogar sprechen und handeln, während er für alle anderen nur ein simpler Stofftiger war. Seine Abenteuer katapultierten mich zurück in meine eigene Kindheit, in der auch ich mich zwischen meiner eigenen imaginären Parallelwelt und der Welt der Erwachsenen hin und her bewegte. Auch meine Puppen waren für mich real, während sie in den Augen meiner Eltern einfach nur zerzauste und abgegriffene Spielsachen waren, die längst in die Waschmaschine gehörten. Hach, wie ich diesen Blondschopf liebte!

Ja, und nun haben wir unseren eigenen Calvin zu Hause: mindestens so fantasievoll wie der echte und blond und blauäugig dazu. Anstelle eines Stofftigers redet er aber mit seinem Bärchen und seinem Mäuschen, die er beim Einschlafen rechts und links mit seinen Händen festhält und die dann doch jede Nacht aus seinem Bett ausreissen, auf dass er sie jede Nacht aufs Neue suchen muss – mit unserer Hilfe, versteht sich.

Wie bei Calvin existieren auch bei unserem Kleinen mehrere Alter Egos, doch statt des Raumfahrers Spiff ist er ein furchtloser Dinosaurierjäger oder ein abenteuerlustiger Pirat auf der Suche nach Diamanten. Und verwandelte sich bei Calvin der Spinat auf dem Teller zu einem kinderfressenden Monster, so wird bei unserem Kleinen jedes Weggli zu einem UFO und jedes Osterei zu einem Lava speienden Vulkan!

Jedenfalls hat unser Kleiner dieses Jahr den Osterhasen gesehen, mit eigenen Augen, wie er um unser Haus stampfte, ja, stampfte. «So etwas Braunes, mit so braunen Dingern da oben. Ja, Mamma, ich habe ihn gesehen!!!» Ja, ich weiss, mein lieber Calvin, du hast ihn wirklich gesehen.

WENN SICH KREISE SCHLIESSEN

Vor sechs Jahren hatten wir das grosse Glück, ein für unsere kleine Familie passendes Haus zu finden. Ein mutiger Entscheid einer klugen Seniorin ging unserem Glück voraus: Als Eigentümerin eines für ihre Lebenssituation zu gross gewordenen Hauses entschied sie sich, freiwillig und bei guter Gesundheit, in ein Altersheim überzutreten. Dieser einschneidende Schritt ermöglichte nicht nur dieser stets vorwärts blickenden Frau, eine angenehmere und sorglosere letzte Lebensphase einzuläuten, sondern auch unserer damals ganz jungen Familie, einen passenden Lebensmittelpunkt zu begründen.

Sehr mutig, sehr fortschrittlich und sehr beherzt fand ich diese Frau, die im hohen Alter freiwillig einen neuen Weg ging, und ich fragte mich, wie es dereinst mit meinen Eltern aussehen würde.

Ja, das dereinst kam schneller, als wir alle gedacht hatten, denn meine Eltern wohnen seit letztem Wochenende nun auch in unserem Quartier! Diesem genauso mutigen Entscheid ist eine fast fünfjährige Phase des Überlegens, des Abwägens, des Diskutierens und des Zauderns, verbunden mit Höhen und Tiefen, vorangegangen. Doch dieser lange Prozess war notwendig, um ihn schliesslich überzeugt und zuversichtlich mit dem Umzug vom Glarnerland nach Zürich, von einem unterdessen viel zu grossen alten Haus in eine überschaubare und schöne Wohnung abschliessen zu können!

Nun sind meine Eltern da, in der Nähe ihrer beiden Töchter und vor allem in der Nähe ihrer drei Enkelbuben! So hat sich wieder ein Kreis geschlossen: Meine Eltern haben mit ihrem Schritt nach vorne zwar ein schönes Kapitel ihrer und unserer gemeinsamen Familiengeschichte mit Wehmut abgeschlossen, damit aber auch ein hoffentlich ruhiges und angenehmes nächstes Kapitel zusammen mit ihren Lieben aufgeschlagen. Und auch sie haben anderen Menschen Platz gelassen, in ihrem Haus das Fundament für eine nächste Generation zu legen.

ODE AN DIE GROSSELTERN

Bekanntlich müssen Grosseltern nicht mehr, sie dürfen! Und genau deshalb ist ihre Beziehung zu ihren Enkelkindern so harmonisch und einzigartig. Grosseltern verfügen über unerschöpfliche Geduldsreserven und über stets offene Ohren für die Sorgen und für das ewige Gezanke sowie ständige Gequassel ihrer Enkelkinder.

Grosseltern haben Unmengen an Liebe zu vergeben und können sich deshalb so liebevoll mit ihren Enkelkindern beschäftigen. Sie schenken ihnen ihre unendlich scheinende Zeit und ihre vollste Aufmerksamkeit. Grosseltern verfügen über einen grossen Erfahrungsschatz, den sie ihren Enkeln weitergeben können, auch in Form von positiven Werten, Ritualen und Familientraditionen.

Nur Grosseltern servieren ihren Enkeln täglich Dessert, lachen immer wieder herzhaft ob deren immer gleichen einfältigen Witzen und spielen immer wieder genauso enthusiastisch unzählbare Partien der langweiligsten Kinderspiele mit. Nur Grosseltern lesen immer wieder genauso spannend aus dem immer gleichen Kinderbuch vor, und nur sie erzählen die unglaublichsten Geschichten aus ihrer eigenen Kindheit oder noch besser: aus der Kindheit von Mami und Papi. Und nur bei den Grosseltern dürfen Enkelkinder stets länger aufbleiben als abgemacht.

Grosseltern haben die Lizenz zur Genehmigung von Ausnahmen, Grosseltern geniessen einen Sonderstatus innerhalb der Familie. Weil Grosseltern einfach unersetzlich sind, weil Grosseltern einfach nur die Besten sind!

VOR DEN FERIEN IST NACH DEN FERIEN

Eltern bekommen nichts geschenkt. Auch Ferien nicht. Eltern müssen sich Ferien erst verdienen. Aber nicht nur in Sachen Geld oder Vorbereitungen und Packen für die Ferien selber, nein, auch in Sachen Organisation des Familienlebens nach den Ferien.

Da fliegen vor der Sommerpause, die nicht nur eine körperliche, sondern auch eine geistige Auszeit für die ganze Familie darstellen sollte, haufenweise Stundenpläne und Anmeldungen ins Haus, die man alle zuerst einmal selber verstehen und dann in eine organisatorisch bewältigbare Form bringen muss. So sehe ich mich dieser Tage, die ich mathematisch und logisch eine Niete bin, vor diese Monsteraufgabe gestellt:

Der Grosse kommt in die 1. Klasse und hat an zwei Nachmittagen Schule. Der Kleine kommt in den 2. Kindergarten und hat auch an zwei Nachmittagen Schule. Natürlich nicht an denselben, was bedeutet, dass ausser Freitag jeder Tag vergeben ist. Nun sollte ich die Aufgabe lösen, den Grossen am richtigen Nachmittag zum Religionsunterricht anzumelden und dabei die Möglichkeit offenhalten, die Keyboardstunde weiterzubesuchen und – wenn irgendwie möglich – neu auch die Italienischstunde. Erschwerend kommt zur Aufgabenstellung dazu, dass auch der Kleine Bedürfnisse hat und ich an drei Tagen die Woche arbeite und unmöglich zeitgleich an mehreren verschiedenen Orten sein kann. Noch nicht in die Aufgabenstellung eingeflossen sind Wunschtätigkeiten wie Turnen, Fussball und Schwimmen sowie Puffer-Zeitfenster für Arzt- und Coiffeurbesuche oder soziale Tätigkeiten wie das Abmachen unter den Gspäändli.

In meiner geistigen Überforderung sehe ich nun seit Tagen als eine Art fiebrige Halluzination immer wieder diesen riesigen Stundenplan aller Klassen mit allen Fächern, der zu meiner Schulzeit im Foyer der Kanti aufgestellt war und dessen Stimmigkeit ich immer bewunderte. Kein Wunder ging dieser Semester für Semester perfekt auf: Es war ja auch der Mathilehrer, der ihn austüftelte.

SECONDOS ZU HAUSE

Sie kennen die Leier, und Sie haben sich bestimmt auch schon darüber aufgeregt: Secondos fühlen sich nirgends wirklich zu Hause, so wirklich ganz – weder in der Schweiz, weil sie da die Sonne, das Meer und das Dolcefarniente vermissen, noch in Italien, weil ihnen dort die Ordnung, die Sauberkeit und die Verlässlichkeit dann doch auch wieder fehlen. Deshalb chlöönen Secondos auch die ganze Zeit: hierzulande, weil es zu nass, zu kalt und zu stur ist alles, dort, weil es zu trocken, zu heiss und letztendlich eben doch gar zu nonchalant ist alles.

Wie fremd – und auch etwas belämmert – sich Secondos in ihrer ursprünglichen Heimat wirklich vorkommen, merken sie vor allem anhand alltäglicher Gegebenheiten am besten: In der Bar stehen sie auch dann noch höflich und geduldig – wie Schweizer eben so sind – an der Theke und warten auf ihre Cappuccini und ihre Brioches, wenn ihnen Einheimische längst den letzten verfügbaren Cornetto vor der Nase weggeschnappt haben, weil sie – unverfroren, wie sie eben sind – die Bestellung von ganz hinten nach ganz vorn gerufen haben. Es sind auch die naiven Secondos, die im Supermercato erfolglos nach möglichst ungesüssten Produkten Ausschau halten oder an der Kasse von allen mitleidig belächelt werden, weil nur sie – «ma come siete organizzati!» – die Plastiktüten vom letzten Einkauf wieder verwenden. Und nur Secondos stossen in der Pizzeria auf Unverständnis und Schelte, weil sie für die Kinder eine Kinderpizza bestellen wollen. Dem Frieden zuliebe werden also – «poveri bambini, devono mangiare tanto!» – halb volle Teller retourniert und – dafür sind Schweizer ja dann wieder super – bezahlt!

So viel Schweiz steckt in uns Secondos drin, dass wir uns zwar in den Ferien schon irgendwie zu Hause fühlen, uns dann aber doch jedes Mal wieder ganz fest auf unser richtiges Zuhause freuen. Weil wir Secondos eben doch durch und durch Schweizer sind!

IN DER TSCHINGGEI DARF MAN

Die Fragen, die wir vor drei Wochen an dieser Stelle aufgeworfen haben, wo sich Secondos letztendlich wirklich zu Hause fühlten – in ihrer Heimat oder doch hier in der Schweiz – und ob sie am Ende doch schon fast mehr Schweizer seien als Italiener, hat zahlreiche Reaktionen ausgelöst.

Unter anderem haben sich nicht wenige bei uns gemeldet und offen und ehrlich gestanden, dass sie während der Ferien in ihrer Heimat sehr gerne den Schweizer in ihnen für einmal ruhen lassen, um für ein paar Wochen im Jahr ihr wahres Ich wieder aufzuwecken. Den Arm würden sie dann obercool aus dem Autofenster lampen lassen und ja, ein bisschen schneller und frecher als erlaubt Auto fahren. An der Bar, im Supermarkt, in der Post und auf der Bank würden sie sich genauso um ein anständiges, zivilisiertes Anstehen foutieren wie die Einheimischen eben auch und ja, es könne auch mal passieren, dass ein Extracornetto an der Bartheke nicht deklariert und nicht bezahlt werde, weil ihre Landsleute sie auch, wo nur möglich, über den Tisch ziehen und ihnen sowieso nie die eigentlich obligatorische Quittung geben würden. Und Männer täten während der Ferien in ihrer Heimat auch sehr gerne den Macho raushängen, während Frauen es dann geniessen würden, ungeniert auf südländische Trash-Queen zu machen.

Das ist alles nachvollziehbar, weil man in den Ferien – Secondos hin oder her – das enge Alltagskorsett gerne mal ablegt und sozusagen sein Alter Ego annimmt. Ich hoffe einfach, dass bei diesem ganzen nonchalanten Feriengehabe die Grenzen doch eingehalten werden. Nicht dass es so endet wie bei einer (Schweizer!) Schulfreundin, die ich als Mädchen vor Jahren in die Ferien nach Italien mitnehmen durfte und die immer und überall Papierli und sonstigen Abfall einfach auf den Boden schmiss und dazu abschätzig meinte: «Pf, in der Tschinggei darf man das ja.»

L WIE LERNEN

Eigentlich hatte ich für heute ein ganz anderes Thema vorgesehen, doch einmal mehr kam das Leben dazwischen, bzw. einmal mehr habe ich die Rechnung nicht mit meinen Emotionen gemacht. Denn: Zum bereits dritten Mal in Folge wurde meine Gefühlswelt am Montag nach den Sommerferien durcheinandergebracht. Sie ahnen es: Der Schuleintritt unseres Grossen ist mir unter die Haut gegangen.

Zuvorderst hat ihm der Zufall sein Plätzli zugeteilt. So sass er da an diesem kleinen Tischli auf diesem winzigen Stühlchen neben einem süssen Mädchen inmitten dieser bunt durchmischten Klasse in diesem zum Lernen so einladenden Schulzimmer, das gesäumt war von gerührten und engagierten Mamis und Papis. Was für ein Bild! Genau wie in meiner Vorstellung! Genau wie damals bei mir!

Ganz bewusst habe ich die in meinem Kopf wieder aufkommenden Schlagzeilen, die ich erst grad am Vortag gelesen hatte, ausgeblendet, weil nichts diesen Tag trüben sollte. «Revolution im Klassenzimmer», «Behörden gegen Terror-Eltern», «Der Schulvertrag muss kommen» – all diese Probleme passten so gar nicht zu diesem Bild, zu dieser freudigen, erwartungsvollen Stimmung. Schüler, die nicht gesellschaftsfähig sind, die den Schulbetrieb massiv stören, die ihre Lehrer aufs Ärgste schikanieren und diese den letzten Nerv kosten? Eltern, die sich nicht um ihre Kinder kümmern, die das Schulschwänzen unterstützen, die ihre Kinder übermüdet, zu spät und mit Cola, Chips und Schoggi zur Schule schicken, die sich um Elternabende foutieren? Nein, an diesem ersten Schultag – wie so oft am Anfang von etwas Neuem – war alles noch so gut, so unverbraucht und unschuldig.

So wollte ich mich vorerst nur mit unserem Grossen über sein erstes Mitbringsel nach Hause freuen: den Buchstaben L! L wie Lernen, L wie Leidenschaft, L wie Leben und Liebe! L aber auch wie Leistungsdruck – und wenn dieser dann irgendwann definitiv einsetzt, dann reden wir wohl – L wie leider – nochmals über die gelesenen Schlagzeilen.

DER ANRUF

Ich bin wohl jeweils die Allerletzte, die ihre Zeilen der Redaktion einschickt. Immer ganz kurz vor Redaktionsschluss. Aber das hat nichts mit Faulheit zu tun, sondern damit, dass sich bei uns – alltäglicher Familienwahnsinn! – die Ereignisse laufend überschlagen, über die ich Ihnen brühwarm berichten möchte. Deshalb warte ich wohlweislich bis zum letzten Moment, um Ihnen dafür die aktuellste aller möglichen Geschichten zu erzählen.

Doch nicht letzte Woche. Alles schien so ruhig nach unseren Ferien, ja geradezu langweilig, und deshalb schickte ich so früh wie schon lange nicht mehr meine Zeilen der Redaktion zu und ging montags sehr gelassen ins Büro: ausgeruht, die Kolumne bereits unter Dach und Fach.

Aber dann passierte es, kurz nach dem Mittag im Büro: DER Anruf kam, auf den ich schon Jahre gewartet hatte. Dieser Anruf, mit dem dir jemand am anderen Ende der Leitung sagt, dass du dein Kind dringend in der Notaufnahme des Spitals aufsuchen musst. Nach 7½ Jahren Glück auf allen Ebenen rief mich die Hortleiterin an, unser Kleiner habe einen Unfall erlitten, dabei den Kopf ganz unglücklich verletzt und sei derzeit in der Notaufnahme. Es sei ganz viel Blut geflossen, und ich solle doch bitte ganz gschwind zu ihm. Er sei sehr tapfer, vermisse aber seine Mama so sehr. Ich liess alles liegen, eilte wie der Wind zu ihm und fand einen müden und traurigen, aber bei seiner Hortbetreuerin gut aufgehobenen Bub vor, der bei meinem Anblick alles nur noch so aus sich hinaus weinen musste. Wir hatten – nicht zuletzt dank des beherzten Notfalleinsatzes seiner Hortbetreuerinnen – grosses Glück im Unglück. Nach ein paar Untersuchungen, Nähten und Beobachtungen durften wir nach Hause.

Ende gut, alles gut. Für dieses Mal zumindest. Und nächste Woche warte ich wieder bis auf den letzten Zacken, um Ihnen unsere brandneuste Geschichte zu erzählen.

Von Vorbild-Funktionen und Führungs-Kapazitäten

VOM REGEN
IN DIE TRAUFE

Letzten Samstag haben das Familienoberhaupt und ich an einer Elternweiterbildung teilgenommen. Obwohl das Thema nicht die Pubertät war, hat die Referentin bereits einen Ausblick gewagt. Eigentlich, um uns damit zu helfen, unsere derzeitigen Bagatellsörgeli mit unseren Primarschulkindern etwas zu relativieren.

Vereinfacht gesagt, hat sie Folgendes erzählt: «Vor langer Zeit hatten Sie ein herziges Kind, so klein und süss wie die Raupe Nimmersatt, als sie aus ihrem winzigen Ei geschlüpft war. Dieses herzige Kind wuchs und wuchs und entwickelte sich zu einem kleinen Monsterchen, das nicht immer das tut, was Sie genau wollen. Ja, genauso wie die winzige Raupe Nimmersatt, die frass und frass, bis sie gross und fett wurde und es ihr nur noch speiübel war. Und dann, dann kommt der Moment, in dem dieses kleine Monsterchen sich mir nichts, dir nichts in seine eigene Welt verabschiedet und für eine ziemlich lange Zeit unnahbar und nicht mehr ansprechbar ist. Wie die Raupe Nimmersatt. Beide Wesen verpuppen sich, verschwinden sozusagen von der Bildfläche und sind für niemanden mehr erreichbar. Adieu, Tschüss, Arrivederci. Würden Sie in diesem Moment die Puppe aufschneiden und hineinschauen, so sähen Sie nur ein Riesenmus. Und deshalb sollten Sie als Eltern in dieser Phase einfach warten, lernen auszuhalten und sich gedulden, bis sich das undefinierbare Mus in einen schönen Schmetterling verwandelt hat. Oder eben in eine erwachsene, vernünftige Person.» So in etwa sollten wir Eltern uns die Phase der Pubertät vorstellen.

Nun ja, wenn das so ist, werden wir tatsächlich versuchen, unsere jetzigen Bagatellsörgeli zu relativieren. Aber vor allem werden wir jetzt schon damit beginnen, uns warm anzuziehen. Denn – Hilfe! – die Vorpubertät kann heutzutage ganz

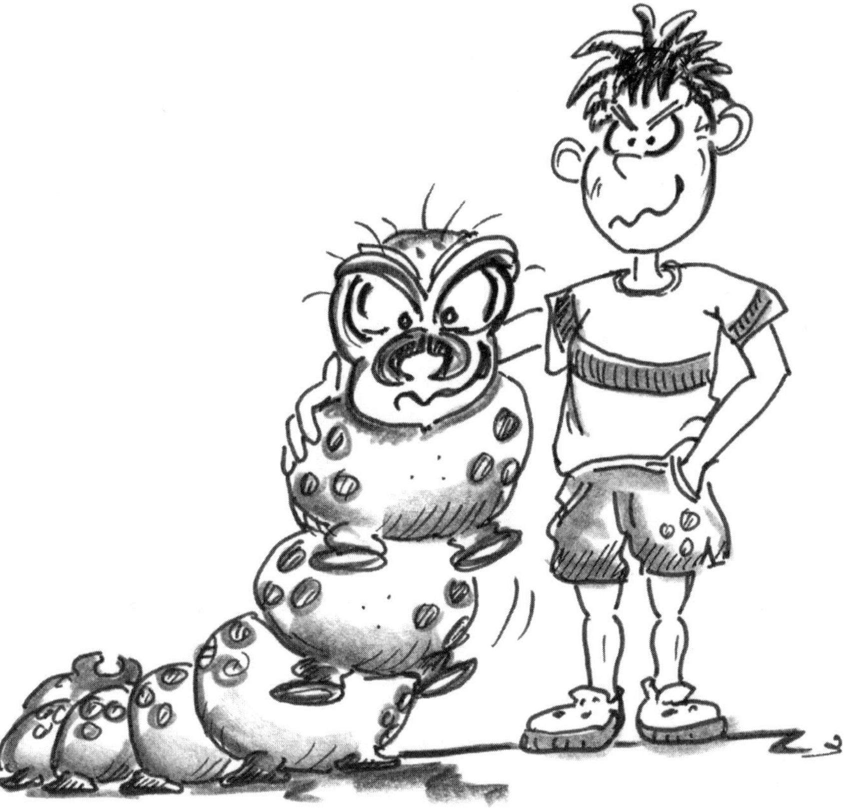

schön früh einsetzen. Die ersten Testosteron-Schübe bei Buben erst recht.

WER DEN RAPPEN NICHT EHRT

Seit unser Grosser die 1. Klasse besucht, bekommt er Taschengeld. Und damit die Kirche im Dorf bleibt, haben wir entschieden, dass der Kleine bereits auch «taschengeldberechtigt» sein soll. Den Zahltag finden die beiden immer freitags schön unaufgefordert an ihrem Platz am Familientisch vor.

Es ist ja nicht so, dass ich vollends von diesem Usus überzeugt wäre. Als Italienerin bin ich ohne Taschengeld aufgewachsen, weil meine Eltern – so wie ziemlich alle Südländer – die Meinung vertraten, dass sie ohnehin für alle Kosten aufkommen würden, welche ihre Kinder verursachen. Weshalb also hätten sie zusätzliches Taschengeld auszuzahlen, das ohnehin aus ihrem eigenen Sack käme und in dieser Höhe auch nirgends hinreichen würde. Ausserdem gebe es im Leben nichts gratis, auch kein Taschengeld, das per Definition gänzlich ohne Gegenleistung und an keinerlei Bedingung oder Rechenschaft geknüpft zur freien Verfügung gestellt werden müsse, ansonsten es seinen pädagogischen Zweck nicht erfülle.

Diese Haltung hat mich geprägt, und so wollte ich das Thema auf die lange Bank schieben und hoffen, es erledige sich von selbst. Doch leider hat es uns logischerweise von aussen her gleich mehrmals eingeholt: Den richtigen Umgang mit Geld könnten Kinder nur erlernen, wenn sie solches zur Verfügung hätten, dies raten nicht nur Experten wie Lehrkräfte oder Psychologen, sondern auch viele andere Miteltern. So habe ich also nolens volens diese Schweizer Erziehungsmanier angenommen. Unsere Buben erhalten nun «Spiel- und Lerngeld», wissen aber ehrlich gesagt nicht so recht, was sie damit anfangen sollen. Wen wunderts, wenn auch wir ja für alles aufkommen ...

Vielleicht hatten meine Eltern nicht unrecht, den Sinn von Taschengeld infrage zu stellen. Dennoch glaube ich, dass diese kleine Reform in unserer südländisch angehauchten Erziehung gut ist. Auch wenn wir an den Spielregeln wohl noch etwas feilen müssen.

DER TSCHINGG IN MIR

Der vergangene Abstimmungssonntag mit der «Überfremdungsinitiative» war für mich als Seconda sehr speziell. Er versetzte mich zurück ins Jahr 1970, als ich – knapp drei Jahre alt – zwar noch keine Ahnung von nichts hatte, aber dennoch intuitiv verstand, dass sich an jenem Sonntagnachmittag in unserer Stube im Glarnerland etwas ganz Entscheidendes abspielte.

Mit seiner Überfremdungsinitiative wollte James Schwarzenbach bereits vor 40 Jahren die Schweiz vor «zu vielen Ausländern» schützen, indem der Ausländeranteil in jedem Kanton die 10-Prozent-Marke nicht überschreiten dürfte. Der Abstimmungskampf verlief sehr emotional und bediente sich auch damals diffuser Ängste: Die Italiener – um diese gings hauptsächlich – bedrohten die Einheimischen, weil sie Letzteren nicht nur die Jobs und die Wohnungen, sondern auch die Frauen streitig machten. Jene Initiative versetzte alle Gastarbeiter in Angst und Schrecken, und wäre sie angenommen worden, hätten etwa 300 000 Menschen ausgewiesen werden müssen.

Meine Eltern hatten grösste Angst, die Schweiz, wo sie sich mit einer anständigen Arbeit, mit einem eigenen Haus und zwei Kindern zu integrieren versuchten, wieder verlassen zu müssen. Auch an jenem Sonntag gingen so viele Menschen wie kaum je zuvor und danach zur Urne, doch anders als heuer fiel damals das Resultat zugunsten der Ausländer aus. Wir «durften» bleiben, die Angst blieb aber auch. So tief, dass viele Gastarbeiterfamilien aus jener Generation mit ihrem Ersparten versuchten, so rasch wie möglich in ihrer Heimat ein Haus zu bauen, ein zweites Standbein bereit zu halten, für den Fall, dass der Wind einmal kehren würde.

Dieser Fall trat nie ein. Meine Eltern sind noch da. Ich auch. Aus Angst haben sie aber – wie so manch andere Gastfamilie auch – seither immer mit einem Fuss die Tür zurück in ihr Heimatland offen zu halten versucht, was leider auch eine weitere, vollständige Integration sehr erschwert, ja gar verunmöglicht hat. Schade eigentlich. Für beide Seiten.

WAS HÄNSCHEN NICHT LERNT

Was den Secondos ihre Sommerferien am Meer, sind den Schweizern ihre Skiferien in den Bergen. Als Italo-Schweizer Familie implementieren wir beiderlei Sitten. Was sehr logisch tönen mag, war in der Tat aber nicht so einfach umzusetzen, denn: Ich habe das Skifahren weder mit den Genen vererbt erhalten, noch von Kindsbeinen an erlernen können. Wie auch, wenn für meine Eltern der Schnee per se schon etwas Sonderbares war und für sie statt Holzlatten an den Füssen vielmehr Schuhsohlen – und das ist kein Witz – aus alten Reifenpneus ein Thema waren. So tätigte ich meine ersten Skifahrversuche erst in der Primarschule, anlässlich der Schulskitage. Sie können sich vorstellen, wie lustig das war, inmitten von Glarner Bergkindern, die alle mit Ski an den Füssen auf die Welt gekommen waren, die peinlichste Skianfängerin zu sein und folglich auch ausgegrenzt zu werden. Meine einzigen Freunde an diesen so verhassten Skitagen waren meine Mit-Secondos aus Italien, Griechenland und der Türkei (andere gabs damals noch nicht), die alle genauso schlecht Ski

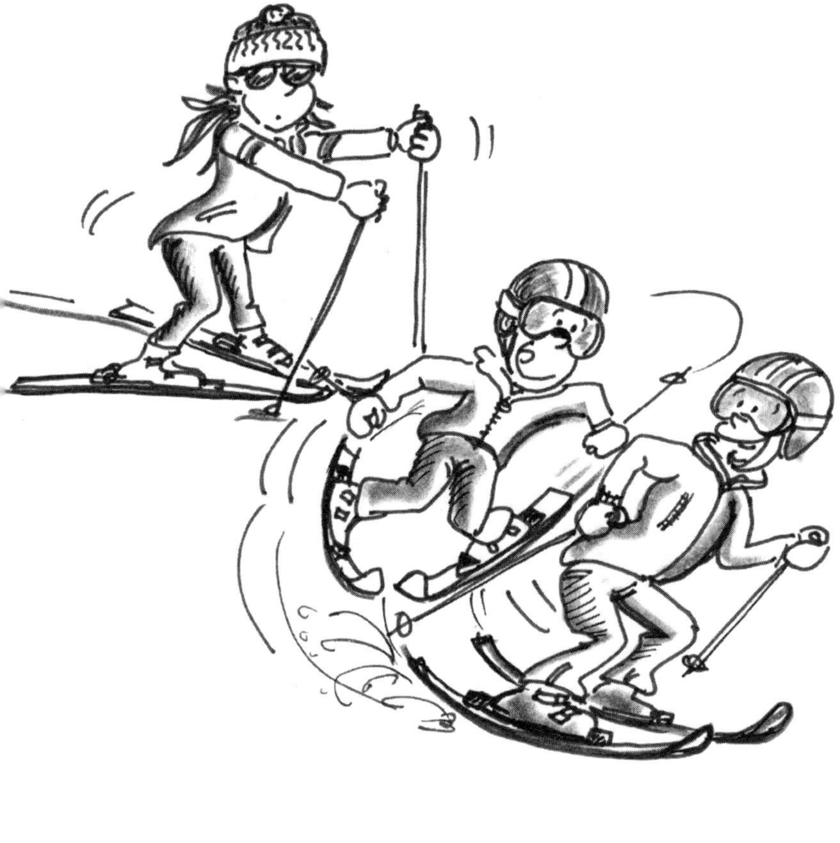

fuhren wie ich und die alle wie ich irgendwann die Ski an den Nagel hängten und nur noch Schlitten fuhren.

Dabei wäre es auch bei mir geblieben, hätte ich nicht das Familienoberhaupt geheiratet und mit ihm eine in sportlicher Hinsicht durch und durch Schweizer Familie gegründet. Also habe ich mich damals für ein Wochenende zuhinterst ins Glarnerland zurückgezogen und mich unter fachkundiger Leitung wieder aufs Skifahren eingelassen. Beflügelt von der Liebe, aber auch von der Aussicht, meinen noch ungeborenen Kindern diesbezüglich ein bessere Ausgangslage zu bieten, zeitigte die Ski-Klausur insofern gute Erfolge, als dass ich ihnen auch dieses Jahr, nach ihrem bereits dritten Besuch der Skischule, noch nachfahren kann. Immer schön hinter ihnen her allerdings, um ihnen noch möglichst lange vorzuenthalten, dass «was Hänschen nicht lernt, Hans tatsächlich nimmermehr lernt», jedenfalls nie mehr richtig.

UNSER TÄGLICHES BROT

Zu meinen prägendsten Kindheitserinnerungen gehören all die eindrücklichen Geschichten, die mir meine Eltern Abend für Abend in unserer kleinen Stube weit hinten im Glarnerland erzählten. Sie handelten von ihrer alles andere als einfachen Kindheit und Jugend in einem vom Zweiten Weltkrieg in Mitleidenschaft gezogenen Süditalien und einem unter Francos Diktatur gebeutelten Spanien. Die Geschichten handelten von Armut, von Krankheiten, von harter Arbeit und vielen Unwegsamkeiten. Aber doch waren ihre Geschichten auch immer so voller Lebensfreude und Hoffnung und vor allem voller kleiner Glücksmomente, die meine Eltern beide ganz bewusst gelernt hatten zu erkennen und zu schätzen.

In vielen ihrer Geschichten kamen nämlich nicht nur ihre knurrenden Mägen vor, sondern immer wieder unter die Haut gehende Bilder ihrer beiden Mütter, wie sie das Essen für ihre Grossfamilien zubereiteten, wie sie dieses auf die vielen hungrigen Mäuler möglichst fair verteilten und wie sie es trotz allem immer wieder schafften, ihren Familien kleine Gaumenfreuden zu bereiten. Wie zum Beispiel mit dem wöchentlichen Brot, das die beiden Frauen stets selber backten. Ja, Sie haben richtig gelesen: Das Brot wurde einmal die Woche gebacken und hatte demnach mehrere Tage zu reichen. Keines der Kinder hätte jemals die Nase gerümpft, wenn die Brotscheibe, die es am dritten oder vierten Tag zugeteilt bekam, nicht mehr ganz so frisch war. Denn es mundete immer noch feiner, als ein paar Tage wieder ganz ohne Brot auszukommen, bevor es wieder frisches gab.

LUST BEKOMMEN? HIER FINDEN SIE DAS SUPERFEINE REZEPT FÜR EIN TESSINERBROT:

Von jeher genoss das Brot bei den Angelones im Glarnerland einen regelrechten Kultstatus. Die wöchentlichen dunklen Fladenbrote aus der Kindheit meiner Eltern mutierten während meiner Kindesjahre zwar zum täglichen raffinierteren Tessinerbrot. Doch eines blieb gleich: Das Brot war und blieb uns Symbol dafür, wie gut es uns eigentlich ging. Und um keinen Preis dieser Welt wäre dieses jemals im Abfall gelandet.

PERSPEKTIVE WECHSELN

«Spinnst du? Gehst du wirklich eine Woche lang mit deinen Buben in die Schule statt ins Büro? Bist du sicher, dass dir das gut tut? Niemals würden wir uns das antun. Vorher arbeiten wir uns im Büro kaputt, als dass wir uns in der Schule abrackern.»

Allen Bedenken zum Trotz meldete ich mich vor den Frühlingsferien für die Musikprojektwoche an der Schule unserer Buben als Helferin an. Nicht für einen oder zwei Tage, sondern grad für die ganze Woche. Wieso ich das tat? Weil ich mich vom Aufruf nach elterlicher Unterstützung angesprochen fühlte, weil alles, was mit Musik zu tun hat, eine Magnetwirkung auf mich ausübt und: weil ich den Einsatz als Chance sah, der Schule näherzukommen. Die Buben werden rasch grösser, kommen und gehen, ohne dass wir Eltern wirklich wüssten, was sie den lieben langen Tag tun. Es ist nicht mehr wie früher, als wir sie morgens im eng abgesteckten Umfeld der Krippe abgeben und abends nach einem ausführlichen Tagesrapport eigenhändig wieder nach Hause bringen konnten.

COOLE DIY-IDEEN FÜR MUSIKINSTRUMENTE FINDEN SIE HIER:

Während ich also eine Woche lang gemeinsam mit Kindergartenkindern und Schülern Rasseln aus Glühbirnen, Gitarren aus Tetrapaks oder Panflöten aus Bambus fertigte, lernte ich nicht nur die Lehrkräfte, sondern auch die Schulleiterin näher kennen. Und während ich dem einen Kind da und dem anderen dort eine Hand bot, konnte ich manches – das ich von meinen Buben nur vom Namen und von Räubergeschichten her kannte – nachher besser einordnen.

Am Ende der Woche war ich so geschlaucht wie selten zuvor von dieser ungewohnten und intensiven Arbeit sowie von den Eindrücken und Emotionen, die ich in dieser so anderen Rolle empfunden habe.

Früher habe ich als Personalentwicklerin Führungskräften einen Perspektivenwechsel als Weiterentwicklungsmassnahme empfohlen. Nun habe ich selber einen sehr lehrreichen erlebt, der mich in meiner Betrachtungsweise von Schule, Bildung, Elternmitwirkung und vielem mehr ein grosses Stück weitergebracht hat.

FRÜHER

«Erinnerst du dich an deine Schulzeit?», fragt mich Leser Matthias B. «Da gab es nicht so viele ‹Sonderevents›, und die Eltern waren nur grad für den Eltern- und eventuell den Theaterabend oder eine kurze Handreiche für ein Kunst- oder Werkteil, das ausgestellt oder verkauft werden sollte, gefragt. Aber sonst waren Schüler und Lehrer für alles selber zuständig. Keine Elternräte, keine Klassendelegiertenversammlungen, keine Multikulti-Basars, keine Sommerfeste, keine Veloflicknachmittage, keine Projektwochen – oder zumindest meist ohne Engagement der Eltern! Heute ist die Elternarbeit an der Schule allein mit ‹nur› zwei Kindern zu einem nicht unbedeutenden Teil des Familienlebens avanciert. Mit drei oder mehr Kindern kann man gleich ein 40-Prozent-Pensum für die Schularbeit reservieren. Das wäre doch auch eine Kolumne wert, oder?»

Klar erinnere ich mich an meine Schulzeit, insbesondere an die damals sozusagen inexistente Elternmitwirkung. Die einzige Elternpflicht bestand in der Anwesenheit am einmal im Jahr stattfindenden Besuchsmorgen, der übrigens immer samstagvormittags stattfand.

Damals war aber auch vieles anders. Man kannte sich: Lehrern, Schülern und anderen Eltern begegnete man täglich auch ausserhalb der Schule, und man erlebte sie in anderen Rollen, was die gegenseitige Einschätzung und das Verständnis positiv beeinflusste. Veloflicktage oder Steinzeitwochen mussten nicht «organisiert» werden – das lebten wir alle, täglich, nach der Schule. Es brauchte auch keine «Moderation» für eine Zusammenarbeit, weil es irgendwie keine gab. Jeder erledigte seine Aufgabe nach bestem Wissen und Gewissen: Eltern übernehmen ihre Verantwortung, Lehrer die ihrige. Jeder respektierte des Anderen Umfeld und Funktion, keiner redete dem Anderen drein.

Ja, so war das früher.

ES LEBE DER SPORT

Die Angelones werden nicht nur immer schweizerischer, sondern mit jedem Tag auch zürcherischer! Und einmal mehr ist es der Sport, der unsere Integration weiter fördert, insbesondere unsere Identifikation mit Zürich.

Als ich Kind war, stresste mich der Sport: diese wöchentlichen Turnstunden, insbesondere Leichtathletik oder Geräteturnen, und dieser ganze Aktivismus mit Wander-, Sport- und Skitag. Mit dieser Aversion stand ich nicht allein da. Alle Ausländerkinder – allen voran die Mädchen – drückten sich mit fadenscheinigen Ausreden wo immer möglich vor all diesen Aktivitäten. Damit lebten wir aber alles andere als gut, denn nicht nur war der Sport und damit der Stress omnipräsent und belastete uns sozusagen dauernd, sondern wir wurden auch sozial ausgegrenzt bzw. manövrierten uns selber ins Outside: Selten machten wir mit, und wenn, dann waren wir die schlechtesten, was sich schand- und schmerzhaft bei der Mannschaftsbildung zeigte, wenn wir Ausländerkinder die Restposten darstellten, die niemand in die eigene Gruppe wählen wollte und die vom Turnlehrer unter lautem Protest zugeteilt werden mussten.

Diesen Stress und diese Schmach wollte ich meinen Buben ersparen, und so habe ich mit der tatkräftigen Unterstützung des (zum Glück Schweizer!) Familienoberhaupts den Sport zu einer tragenden Säule unseres Erziehungskonzepts deklariert! Früh besuchten wir Babyschwimmkurse und MuKi-Turnen, kraxelten in den Bergen herum, schwangen uns auf Laufräder, Trottis, Velos, Schlittschuhe und Ski.

Heute turnen unsere Buben wie wild, schwimmen bei den Zürileuen mit, schliifen und tschutten nicht nur, sondern fanen im Hallenstadion oder im Letzigrund für ihre Stadtclubs, sie laufen am Zürcher Silvesterlauf und hegen seit neuestem auch Ambitionen auf «De schnällscht Zürihegel»!

Nur Ski fahren tun sie immer noch nach Glarner Manier. Doch mir schwant: schon bald wird auch «De schnällscht Züri Schi» rufen ...

FÜHRUNGSSCHULE FAMILIE

Es heisst, das Militär sei die beste Führungsschule. Doch ich wage zu behaupten, dass die Familie die beste Führungsschule darstellt. Dies «darf» ich sagen, weil ich mich beruflich mit Führungsausbildung beschäftigt habe und weil ich damals – VOR der Familie – im Grunde genommen Dinge erzählte und umzusetzen versuchte, von denen ich zum Teil erst NACH der Familie den vollen Umfang begriffen habe. Aber natürlich war ich damals der vollen Überzeugung, alles bestens zu wissen. Das Familienleben hat mich aber doch noch eines Besseren belehrt.

Ich rede allerdings nicht von «die Familie lehrt einen, sich wirklich gut zu organisieren, echte Verantwortung zu übernehmen, beherzt Entscheide zu fällen, umsichtig mit dem Geld umzugehen, den ausufernden Informationsfluss sicherzustellen und für jeden ständig ein verständnisvolles offenes Ohr zu haben» – das ist alles Pipifax.

Ich rede von Vorbildfunktion. Eine ganz zentrale, ständig im Raum stehende und äusserst herausfordernde Familienführungsqualität. Denn anders als «normale» Führungskraft unter Erwachsenen wird man von den eigenen Kindern mehr als mit Argusaugen beobachtet: Sie kopieren haargenau jede einzelne unserer Handlungsfacetten und spiegeln uns diese tagtäglich wider, worüber wir uns oft sehr freuen können, doch noch häufiger müssen wir uns auch an der eigenen Nase nehmen, weil wir in Sachen Erziehungsgrundsätze zwar Wasser predigen, manchmal aber doch Wein trinken. Finden das Mitarbeitende vielleicht noch menschlich und letztlich gar nicht so schlecht, weil sie sich damit wiederum eigene Freiheiten nehmen dürfen, können Kinder zu beharrlichen Prinzipienreitern mutieren und sich mit den Eltern die Köpfe darüber zerbrechen, weshalb diese nun A sagen, aber dann doch B tun.

Ja, so richtig auf sture Böcke können Kinder (und wir dann auch!) machen. Führungskräfte – und Eltern erst recht – müssen deshalb auch die Kunst beherrschen, sture Böcke – oder Esel – zu führen. Aber dazu nächste Woche mehr …!

VON ESELN UND KINDERN

Kürzlich haben wir eine Eselwanderung unternommen, doch ganz so entspannt wie für unsere Buben war die Sache für uns Eltern allerdings nicht. Zumindest anfänglich. Denn das Familienoberhaupt und ich mussten die Tiere führen, und wer schon einmal Esel geführt hat, weiss, wie diffizil das ist.

Esel sind Herdentiere, die über eine Rangordnung verfügen. Will der Mensch führen, muss er ein Leittier darstellen. Leichter gesagt als getan, vor allem für mich, die an jenem Tag ausgerechnet das Alphatier der Herde zugeteilt erhielt …

Nichtsdestotrotz: Um als Leittiere betrachtet zu werden, haben wir zuerst – durch liebevolles Striegeln und Bürsten – gemeinsam mit unseren Buben das Vertrauen der Tiere gewonnen und die Basics im Umgang mit diesem ältesten Haustier erlernt. Dann haben wir Eltern gelernt, mit Körperhaltung und Sprache Selbstsicherheit auszustrahlen, immer konzentriert zu sein, wachsam auf Signale zu achten, immerzu klare Anweisungen zu erteilen und vor allem: konsequent zu bleiben. Auch lassen sich Esel – anders als Pferde – nicht einfach so dressieren oder übertölpeln. Dies zeugt nicht von Sturheit oder Dummheit, sondern von einer grossen Intelligenz. Ein Esel tut erst etwas, wenn er

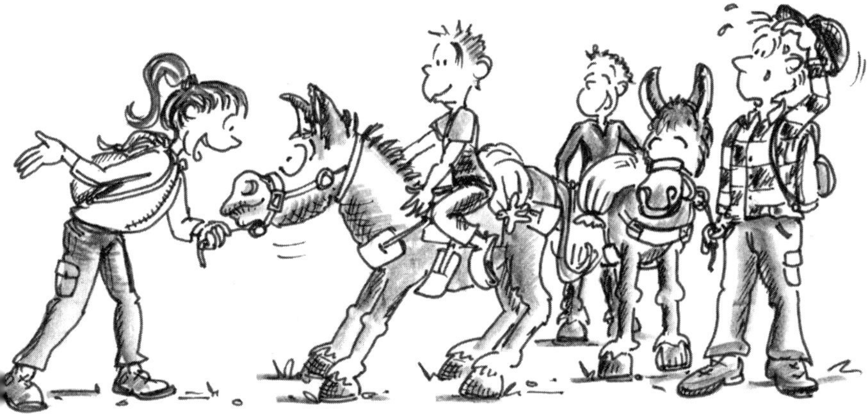

davon überzeugt ist. Alles Ziehen und Schimpfen nützt nichts – mit Eseln kommt man nur mit Authentizität, Glaubwürdigkeit und Überzeugungskraft weiter!

Vieles erinnert uns ans Familienleben, an die Kindererziehung, an den zuerst noch so unbeholfenen, unsicheren Umgang mit Babys und die später gewonnene Selbstsicherheit im Umgang mit Kindern, an die ständige Vorbildfunktion, Klarheit und Überzeugungskraft, die man an den Tag legen muss, aber auch an die immer stärker werdende, ebenfalls auf Zuwendung beruhende Bindung, die nur auf Vertrauen basieren kann.

Wen wunderts also, dass Eltern den Dreh mit Eseln viel rascher heraushaben als (kinderlose) Führungskräfte, die zu solchen Eselsbegegnungen geschickt werden, um ihre Führungskompetenzen zu verbessern.

FAMILIENPARADIES SCHWEIZ?

Welch schöne Nachrichten für Eltern: Familienpolitik wird definitiv zum Thema, und das Parlament will über Vorstösse diskutieren, die das Kinderbekommen und vor allem das Familiehaben attraktiver machen (Ersteres geht bekanntlich deutlich leichter als Letzteres). Ein richtiges Familienparadies soll die Schweiz werden, mittels Steuergutschriften, höherer Kinderabzüge, höherer Kinderzulagen und bezahlten Vaterschaftsurlaubs.

Natürlich gefällt mir diese Profilierungswelle, auf welcher Politiker jeder Couleur derzeit reiten. Doch weniger gut gefällt mir das dabei angewandte Wording: Politik, Vorstösse, diskutieren, attraktiver gestalten, Familienparadies. Diese Bezeichnungen wecken den Eindruck, dass sich Familien in der Schweiz erst dann im Paradies wähnen, wenn sie dank Familie an allen nur möglichen Ecken und Kanten Geld sparen können, und dass für dieses paradiesische Gefühl vor allem die Politik verantwortlich sei. Familien sehnen sich nicht nach einem Paradies, wie die Schweiz es in Sachen Steuern für Unternehmen sein mag.

Fragt man nämlich direkt bei Familien nach, erhält man Antworten, die auf Bedürfnisse und Wünsche schliessen lassen, die nicht oder zumindest nicht in erster Linie mit Geld zu tun haben: mehr Teilzeitlösungen für Mütter und Väter, bezahlbarer und familienfreundlicher Wohnraum, bessere Integration von Kindern mit Migrationshintergrund und auch deren Eltern, Unterstützung bei der Betreuung kranker oder behinderter Kinder und nicht zuletzt Wertschätzung jedweder Art von Vollzeitmüttern oder -vätern.

Doch der allerwichtigste Wunsch von Familien lässt sich nicht auf eine politische Vorstossliste setzen und auch nicht aushandeln oder ausdiskutieren: Dass Kinder und Familien in unserer Gesellschaft ein Gut werden, das einen hohen Stellenwert hat! Dafür muss schon ein grundlegender Wandel in unserer Gesellschaft stattfinden.

DIE FANTASIE ALS SPIELZEUG

«Hilfe! Was sollen wir ohne Spielsachen machen? Wir werden sterben aus lauter Langeweile!», so klagte unser Kleiner vor ein paar Wochen, als seine beiden Kindergartenlehrerinnen den Kindern bekannt gaben, dass sie den Kindergarten gemeinsam von sämtlichen Spielsachen befreien und einen Monat lang ohne Spielzeug funktionieren würden.

«Tja», erklärten ihm Nonno und Nonna, «so wirst du eben deine Fantasie walten lassen und wie wir damals aus Stecken und Lehm oder aus alten Pneus und zerrissenem Stoff etwas erfinden müssen, womit du spielen kannst. Und dann wirst du vielleicht verstehen, weshalb es uns nie langweilig war.»

Der Kindergarten wurde innert kürzester Zeit geräumt, und zurück blieb ein grosses, spielzeugleeres Kindergartenzimmer mit kiloweise zuvor herangeschlepptem Material wie Toiletten- und Haushaltspapierrollen, Verpackungen, Zeitungen und Papiersäcken sowie einer Schar verdutzter Kinder, die einen Moment lang nicht wussten, was sie tun sollten.

Die Verunsicherung war nicht von langer Dauer, und das Projekt «Spielzeugfreier Kindergarten» weckte rasch schlummernde Fantasien und ungeahnte Kreativitätskraft bei allen Kindern, die sofort mit Basteln und Werken starteten. Im Nu entstanden neue Spiele und verrückte Kreationen wie Schaukeln, Gefängnisse, Sessel, Schmuckstücke, Autos, Schwerter und als besonderes Kunstwerk eine Chügelibahn, die nicht nur vom oberen Stock über das ganze Treppenhaus hinunter zum Eingang reichte, sondern auch tatsächlich funktionierte!

Nicht zuletzt aufgrund der ständigen Beschäftigung mit allen möglichen elektronischen Geräten wie Handy, Computer, TV, Gamekonsolen etc. bot dieses Projekt, das ursprünglich zur Suchtprävention für Kinder konzipiert wurde, die Möglichkeit, wertvolle Erfahrungen zu sammeln. Es lässt sich übrigens auch als Familienprojekt umsetzen. Ein Versuch lohnt sich allemal, denn auch ein phasenweise spielzeugleeres Kinderzimmer ist alles andere als langweilig!

UNSER ERSTKLÄSSLER IN ZAHLEN

Mein lieber kleiner Grosser!
Du bist einer der 13 137 Leons, Saras, Davids, Ninas, Leandros und Sofias, die vorgestern Montag, den 18. August 2014, im Kanton Zürich zum ersten Mal zur Schule gegangen sind. Statistisch gesehen, bist du also in bester Gesellschaft und gehörst als Junge zur männlichen Mehrheit von 51 Prozent. Vielleicht wirst du

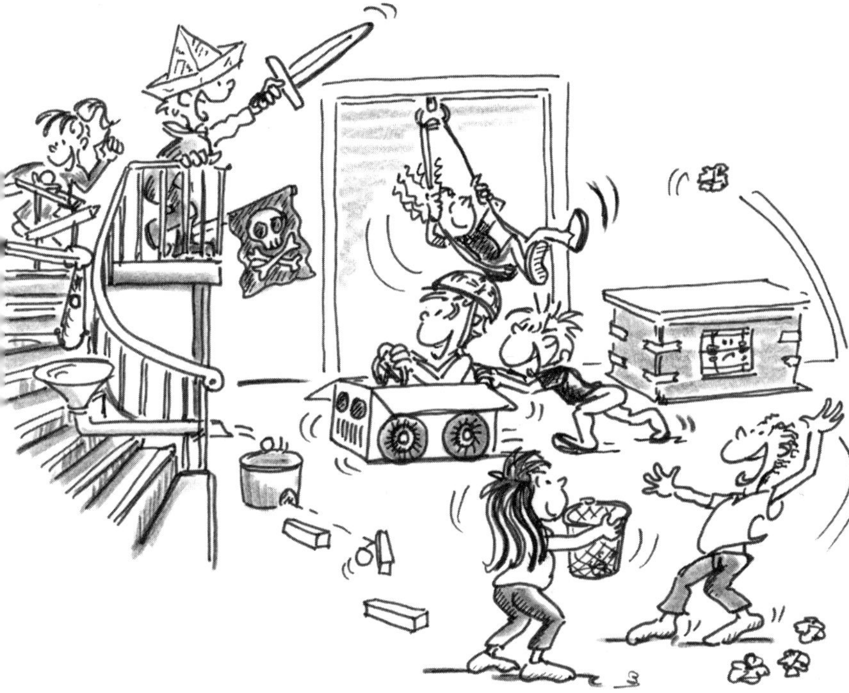

während deiner schulischen Laufbahn noch froh sein um diese kleine Vormachtstellung, zumindest aber sicher um etwas Verstärkung dankbar sein, dann nämlich, falls sich die vielerorts behauptete Feminisierung der Pädagogik tatsächlich bewahrheitet und du dich zusammen mit deinen Bubenfreunden vielmehr mit Disziplinarmassnahmen und Versetzungsvermerken als mit erfreulichen Noten und guten Schulabschlüssen beschäftigen musst.

Aber noch stehst du ganz am Anfang und darfst dich sehr glücklich schätzen, dass deine Klassengrösse deutlich unter dem kantonalen Durchschnitt von 20,7 Kindern liegt. Das wird für dich zwar ein bisschen strenger werden, weil du dich nicht so einfach unsichtbar machen kannst, aber glaub mir, das ist ein Privileg. Genauso wie ich es ganz persönlich als Bereicherung erachte, dass du mit deiner Klasse ein vielseitiges Paket an Persönlichkeiten, Nationalitäten und Sprachen vorgefunden hast, die deinen Schulalltag bunter gestalten und deinen Horizont sowie dein Herz weiter öffnen werden.

Dass die Chancen, dass du dereinst ein Nobelpreisträger oder ein Fussballprofi werden könntest, sozusagen gleich null sind, das erscheint mir derzeit genauso irrelevant wie die 30 Prozent Wahrscheinlichkeit, dass du eine Akademikerkarriere einschlägst, statt wie zwei Drittel aller Schüler eine Berufslehre zu wählen.

Was auch immer du tust, mein lieber kleiner Grosser, tue es einfach beherzt! Fülle deinen Schulsack mit so viel Lebensfreude und Lernlust, wie du nur kannst – dieser schöne azurblaue Rucksack, der gemäss Statistik im Moment noch sehr gut für 4324 Lego-Steine oder rund 18 Kuscheltiere Platz hätte!

DAS BESONDERE LIEGT IM EINFACHEN

Kürzlich habe ich eine Studie gelesen, die sich mit der Gestaltung der Grosseltern-Enkel-Beziehung befasste. Unter anderem auch damit, wie Grosseltern die gemeinsame Zeit mit ihren Enkeln verbringen, was sie dabei besonders gern machen und worauf sie Wert legen.

Die Angaben der Grosseltern zeigen, dass ihnen beim Zusammensein die direkte Interaktion am wichtigsten ist, also die wechselseitige Beziehung zu ihren Enkelkindern. So lieben sie es zum Beispiel, mit den Enkeln zu spazieren oder zu wandern, mit ihnen zu kochen und zu essen, etwas gemeinsam zu werken, zu basteln oder im Garten zu arbeiten, ihnen Geschichten vorzulesen oder noch lieber Geschichten von früher zu erzählen, Gesellschaftsspiele zu spielen und natürlich ganz viel mit ihnen zu kuscheln.

Und genau das sehe ich, wenn ich am frühen Abend in der Küche stehend aus dem Fenster schaue, und Nonna und Nonno mit unseren Jungs daherspazieren: Nicht viel mehr als gemeinsam Zvieri gegessen haben sie an einem solchen Nachmittag, vielleicht noch etwas Hausaufgaben gemacht oder gemeinsam gelesen, auf jeden Fall aber haben sie viel zusammen geredet und gespielt, unbeschwert gelacht und liebevoll gekuschelt. Oder wenn ich sie an einem schulfreien Nachmittag alle vier in unserem Garten beim Werken beobachte: Nicht mehr als ein paar Äpfel pflücken sie an einem solchen Nachmittag, nur ein paar Körbe Laub rechen sie zusammen oder eine Handvoll Äste stutzen sie an der Hecke. Doch sie haben haufenweise Schabernack getrieben miteinander, endlos geplappert und fröhlich gelacht und zu guter Letzt ein gemeinsames Ergebnis erzielt, das ihnen Freude bereitet.

Wie die meisten Grosseltern geben auch Nonno und Nonna an, am liebsten die ganz einfachen, alltäglichen Dinge mit den

Enkeln zu tun. Nichts Spektakuläres. Doch genau diese unprätentiösen Beschäftigungen schaffen diese ganz besondere Nähe und intensive Beziehung zueinander!

EIN HAKEN MITTEN IM HIMMEL

Es ist mir ziemlich eingefahren, als ich am Sonntag – zwei Tage nach meinem immer schwerer lastenden Geburtstag – am Familientisch sass, wortkarg und gedankenverloren frühstückte und plötzlich einen vergessen geglaubten italienischen Megahit* am Radio hörte, der mich schlagartig über dreissig Jahre zurück in die eigene Jugend versetzte. In die Zeit, als ich auf der Schwelle zum Erwachsenwerden stand, die Suche nach dem Sinn des Lebens begann und ich nicht selten haderte. Jedes einzelne Wort des Songs, der von den vielen Fragen handelt, die sich jeder junge Mensch auf seinem noch so frischen Lebensweg stellt, war noch so präsent, eingebrannt – sowohl im Kopf als auch im Herzen. Jedes einzelne Wort, jeder einzelne Ton rief letzten Sonntagmorgen die gleich starken Emotionen hervor wie damals, als ich zwischen den im Lied so treffend beschriebenen Träumen, Hoffnungen, Illusionen und Enttäuschungen hin und her wankte, nicht selten auch strauchelte und doch jedes Mal wieder aufstand, die Krone richtete und immer wieder – wie im Lied prophezeit – einen neuen Haken mitten im Himmel fand, an dem ich mich wieder emporziehen konnte, um weiterzuschreiten – von Hoffnung zu Hoffnung, von Glück zu Glück und von Liebe zu Liebe.

Dieses Lied stellte nicht nur für mich, sondern für eine ganze Generation den Schlüssel zu einer hoffnungsvollen Lebenseinstellung dar. Es weckte Zuversicht und ermutigte jede und jeden von uns, die es als Lebensphilosophie verinnerlichten, den Weg beherzt weiterzugehen, nicht aufzugeben, zu singen und zu leben und vor allem: viel Liebe zu schenken, um noch mehr Liebe zu erhalten. Dieses Lied war und ist immer noch eine Botschaft der Hoffnung, und wir haben es am Sonntag gleich zu unserer Familienhymne erkoren, auf dass es vor allem für unsere Jungs dereinst denselben Haken mitten im Himmel darstellen möge wie damals für mich.

* Strada facendo, Claudio Baglioni, 1981

RAUS AUS DEM HAMSTERRAD

«Zeitweiliger Abstand erweitert den Gesichtskreis», sagt man, und manch eine Mutter hat sich diesen Aphorismus oder einen anderen Spruch mit einer ähnlichen Botschaft anhören müssen, als sie im Hamsterrad des Familienlebens drehend plötzlich keine Antwort mehr wusste auf die Frage, wofür sie sich dermassen abrackere und was genau der Lohn oder der Dank für all ihr Tun sei. «Nimm wieder einmal etwas Abstand», hiess es auch bei mir. «Mach doch einmal eine Pause, schnapp etwas frische Luft, tu dir mal was Gutes! Du wirst sehen: Mit etwas Abstand wirst du vieles positiver sehen, und es wird dir gleich besser gehen.» Letzte Woche – während unserer Skiferien – habe ich zum ersten Mal so richtig erfahren, wie ein zeitweiliger Abstand den Gesichtskreis erweitern kann! Während der Länge einer Sesselliftfahrt, während der ich für einmal ganz für mich allein den Berg hinauf unterwegs war, wurde mir bewusst, dass genau in diesem Augenblick weder jemand von mir etwas wollen noch irgendein negativer Gedanke mir etwas anhaben konnte! Denn genau für die Länge dieser Sesselliftfahrt konnte und musste ich für niemanden etwas tun – ausser für mich! Mein Blick richtete sich bewusst in die Weite, und ich erfreute mich nur noch an der wunderschönen Berglandschaft und sog die frische Bergluft in mich hinein. Kein spähender Blick nach unten auf der

Suche nach meinen auf der Piste flitzenden Buben, kein hastiges Atmen, weil ich möglichst rasch wieder bei ihnen sein wollte, keine kreisenden Gedanken darüber, was ich als Nächstes zu tun hätte. Rein gar nichts ausser einfach nur Ruhe – um mich herum genauso wie ganz tief in mir drin! Es braucht tatsächlich etwas Abstand, um erkennen zu können, dass das Hamsterrad des Familienlebens zwischendurch auch ganz gut ohne uns vor sich hin drehen kann. Auch wenn es zwar etwas schmerzt zu realisieren, dass kaum einer merkt, dass man gar nicht mehr im Hamsterrad drin steht und am Spulen ist . . . Doch der Dank für die Fähigkeit, sich hin und wieder ganz bewusst abzusetzen, sind die sich dank Abstand neu eröffnenden Möglichkeiten, von der restlichen Umwelt belohnt und beglückt zu werden!

WIE BEI DEN WALTONS

Bestimmt kennen Sie die Waltons noch! Diese amerikanische Grossfamilie aus dem TV, die während der Zeit der Weltwirtschaftskrise ihr einfaches Leben führte und deren Geschichten aus der Sicht des ältesten Sohnes, John-Boy Walton, erzählt wurden. Jede Episode der Serie endete damit, dass im Haus der Waltons die Lichter ausgehen und ein kurzer Gute-Nacht-Dialog zwischen den Familienmitgliedern geführt wird.

«Gute Nacht, John-Boy!», «Gute Nacht, Elizabeth!», «Gute Nacht, Jim-Bob!», «Gute Nacht, Ma», «Gute Nacht Kinder!» So verabschiedeten sich die Waltons am Ende eines arbeitsreichen Tages in jeder Folge. Das «Gute Nacht, John-Boy – gute Nacht, Elizabeth» ist legendär, der Spruch geniesst Kultstatus und blieb bis heute auch in meiner Erinnerung hängen!

Ähnliche Szenen spielen sich auch bei uns ab, wenn die Kinder ins Bett gehen. Nach der Gute-Nacht-Geschichte, die ich ihnen immer noch Abend für Abend erzähle, ergeben sich kur-

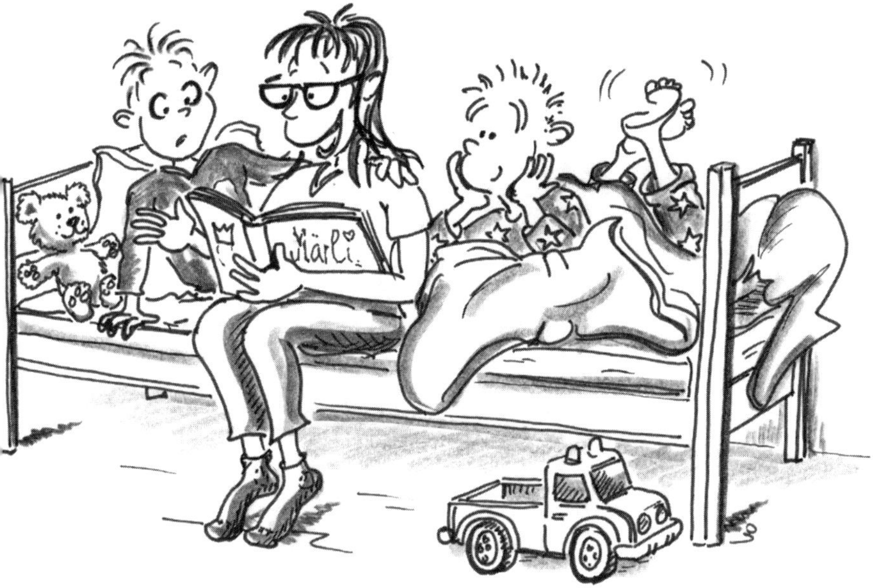

ze Gespräche, die wir immer auf dem Bett des Kleinen sitzend führen: in der Mitte ich, mit dem Buch auf den Knien, links und rechts die Buben, die beide jeweils ihre Sicht zum soeben Gehörten kundtun wollen. Nicht selten resultieren daraus arglose und vertrauensselige kindliche Erkenntnisse, die in ihrer unschuldigen Naivität nicht selten überraschend klug sind. Hätte ich von Anbeginn an all unsere abendlichen Dialoge, all ihre geplapperten Kinderweisheiten festgehalten, so hätte ich längst genug Stoff, um mit den berühmten Waltons-Sprüchen mithalten zu können!

Irgendwann ist dann aber Schluss mit Reden, und die Lichter in den Kinderzimmern gehen aus. Und während das Familienoberhaupt und ich die Treppe nach unten gehen, ertönen jedes Mal noch – genauso wie bei den Waltons – helle, fröhliche «Gute Nacht, Papi! Gute Nacht, Mama!»-Rufe, welche wir im Duett mit «Gute Nacht, Kinder!» quittieren. Unser liebstes Ritual zum Abschluss eines weiteren Familientages.

AM SIEBTEN TAG SOLLST DU AUCH

Mit Ostern, Sächsilüüte und dem 1. Mai hat die frühsommerliche Feiertagsphase begonnen, die sich über Auffahrt bis zum Pfingstmontag hinauszieht. Eine willkommene Zeit, um sich über mehrere Wochen von Feiertag zu Feiertag, von Brücke zu Brücke zu angeln und dabei in den Genuss von kleinen Auszeiten zu kommen, während welcher man zur Ruhe kommen kann. Doch nicht alle halten es gleich mit Feiertagen.

Ob es an meinem Alter liegt, an meiner Kultur, an meiner Religion oder einfach nur an meinem Verständnis von einem ausgewogenen Arbeits- und Familienleben: Ich bekunde je länger, je mehr Mühe mit der zunehmenden Verwässerung von Sonn- und Feiertagen.

Als ich selbst noch ein Kind war, kannten wir noch die 6-Tage-Woche. Mein Vater arbeitete auch am Samstagvormittag, während wir Kinder die Schule bis zum Mittag besuchten. Wie gross war damals die Freude, wenn endlich der Sonntag wieder eingeläutet oder gar ein besonderer Feiertag gefeiert werden konnte. Niemals wäre es meinen Eltern in den Sinn gekommen, sich ausgerechnet an diesen dünn gesäten arbeitsfreien Tagen mit Aktivitäten wie Einkaufen im Ausland, Kärchern von Terrassen oder Gehwegen, Autowaschen oder Fensterputzen zu beschäftigen. Stattdessen besuchten wir den Gottesdienst, Verwandte oder Freunde oder fuhren zum Klöntaler oder Walensee, um gemeinsam zu picknicken oder ein Glace zu essen. Nichts mehr, aber auch nichts weniger.

Heute kennen viele weder Tag noch Nacht, weder Werk- noch Feiertage. Sonntags machen sie dasselbe wie montags, und sie versuchen, das viel zu viele, das sie in eine Woche hineinpacken, aber niemals erledigen können, an den Ruhetagen zu bewältigen. Meist genauso erfolglos.

Ich habe einmal gelernt, dass jedes noch so starke Gebäude Dehnungsfugen braucht. Zur Stabilisierung, damit das Konstrukt nicht zusammenbricht. Bräuchten nicht auch wir solche Dehnungsfugen in Form von Ruhetagen, die diesen Namen auch wirklich verdienen? Müssten wir nicht die Ruhetage schützen, um uns selber zu schützen?

ERINNERUNGEN IM MEITLI-WC

Kennen Sie den Proust-Effekt? Dieses Phänomen ist nach dem französischen Schriftsteller Marcel Proust benannt, der in einem seiner Romane beschreibt, wie beim Hauptdarsteller nur durch den Geruch frischgebackener Madeleines plötzlich längst verloren geglaubte Kindheitserinnerungen wieder aufgetaucht sind.

Es war allerdings weder ein Gebäck noch direkt ein Geruch, sondern ganz einfach nur der Anblick eines Brünnelis, der kürzlich bei mir eine Kettenreaktion an Erinnerungen ausgelöst hat: eines dieser alten, schweren, riesigen weissen Lavabos mit einem rauen schwarzen Rand, das viel mehr an einen Viehtrog erinnert. Haben Sie es vor Augen? Als ich kürzlich vor dem Abholen des Kleinen aus der Gitarrenstunde das Meitli-WC im altehrwürdigen Triemli-Schulhaus aufsuchte, erlebte ich ein regelrechtes Flashback: Als ich meine Hände wusch und das Wasser vom viel zu hoch platzierten Wasserhahn laut und dumpf und auf alle Seiten spritzend ins Becken schoss, war ich schlagartig wieder 8 Jahre alt und besuchte anno 1972 die 2. Klasse beim Frölein Kilchherr.

Im Meitli-WC roch es süsssauer nach Schule, nach starken Putzmitteln, nach billiger Handseife, nach kratzendem WC-Papier, nach mürrischem Schulhausabwart und natürlich nach Kindern. Das permanent aufgeklappte Fenster konnte diesen ganz speziellen Duft, der sich in meinen Kopf eingebrannt hat, nicht mildern. Zudem führte es nur dazu, dass es im Meitli-WC im Winter immer so grausam kalt war und im Sommer der von draussen dringende Lärm von Motorsägen oder Rasenmähern einen daran erinnerte, dass man selber im Schulhaus drinnen gefangen war.

40 Jahre später sieht die Welt in vielerlei Hinsicht anders aus, doch einiges fühlt sich immer noch genau gleich an wie damals in dieser cremefarbig geplätteten Toilette mit schwarz-weiss gesprenkeltem Plättliboden. Suchen Sie sich doch auch einmal eines der vielen alten und schönen Schulhäuser in der Stadt aus und stehen Sie kurz in die Toilette – welche Kindheitserinnerungen werden bei Ihnen wach?

ZUM ERSTEN UND LETZTEN MAL

Als Eltern erlebt man mit Kindern so vieles zum ersten Mal. Einiges davon brennt sich für immer ins Elterngedächtnis: das erste Lächeln, das erste Wort und der erste Schritt. Die erste Nacht bei den Grosseltern oder der erste Chindsgi- oder Schultag. Das erste Konzert, die erste Theateraufführung, das erste Fussballturnier. Die ersten Fahrten auf dem Trotti, auf dem Velo oder auf den Ski. Es gibt so viele schöne, lang ersehnte Premieren im Leben mit Kindern!

Doch irgendwann wird diese Vorfreude auf all die ersten Male, dieser Stolz, wenn sich diese endlich ereignen und erfolgreich über die Bühne gehen, abgelöst von der öfters auftauchenden und melancholisch stimmenden Feststellung: «Das war jetzt das letzte Mal!»

Das war er also, der letzte Schoppen, der letzte Krippentag, das war sie, die letzte Nacht im Gitterbett, die letzte Ausfahrt im Kinderwagen. So rasch sind sie keine Babys mehr, auch keine Kleinkinder. So schnell werden sie zu eigenständigen Persönchen, die täglich Neues dazulernen, das ihr Leben – und dasjenige der Eltern – laufend verändert. Und täglich weiss man nicht, was morgen wieder anders, plötzlich nicht mehr sein wird.

Wann wird es das letzte Mal sein, dass sie sich am Wochenende zu uns ins Bett kuscheln, ihre Hände und Füsse an unsere schmiegen? Wann werden sie nicht mehr auf unserem Schoss sitzen, an unseren Händen laufen wollen? Wann werden sie uns nicht mehr sagen, dass wir die Schönsten und Besten sind und unsere Nähe nicht mehr suchen?

Nach dem Höhenflug von Premiere zu Premiere in den ersten, dahinfliegenden Lebensjahren gilt es, immer mehr kleine und grössere Dernièren zu akzeptieren, loszulassen zu lernen und viele kleine Abschiede zu verdauen. Aber vor allem gilt es, all die kleinen Dinge, die noch sind und die noch stattfinden, zu erkennen und in vollen Zügen zu geniessen, bevor man sie früher als gedacht bereits wieder vermissen wird.

DIRETTISSIMA RICHTUNG PUBERTÄT

Das war er – der letzte Geburtstag des Grossen mit einer einstelligen Zahl. Am Wochenende wurde unser Erstgeborener neun, und beim nächsten Fest werden schon zehn Kerzen seinen Kuchen zieren! Zehn zu werden, ist ein Meilenstein, auf den sich Kinder freuen, weil sie sich dann bereits in ganz grossen Schritten Richtung «obercooler Teenager» bewegen und sich somit endlich von den «doofen kleinen Kindern» abgrenzen können. Da ich mich selber gut erinnern kann, wie fest ich mich auf diesen ersten runden Geburtstag freute, möchte ich die Vorfreude unseres Grossen noch so gerne teilen. Wenn nur nicht dieser Respekt vor der dann einsetzenden neuen Phase in einem Bubenleben wäre. Mit zehn nämlich – so besagen Statistiken – setzen Buben zur Metamorphose an. Weniger blumig ausgedrückt: Mit zehn startet die Pubertätsphase und damit eine – wie ich gehört habe – «widerspenstige Verpuppung mit turbulenter Umwandlung und anschliessender nicht schmerzloser Wiedergeburt». Dabei habe ich erst begonnen, mich in der Bubenwelt zurechtzufinden. In dieser Welt voller Autos und Legos, nie versiegendem Bewegungsdrang und stetigem Konkurrenzkampf, der – anders als bei Mädchen – nicht verbal, sondern unter vollem Körpereinsatz ausgetragen wird. Ausgerechnet jetzt also, da ich langsam zu verstehen glaube, wie Buben funktionieren, muss ich mich wieder auf etwas Neues, etwas – will man den Statistiken glauben – ganz Krasses gefasst machen, das allen Eltern bereits beim Drandenken (und sogar beim Zurückdenken!) die Haare zu Berge stehen lassen soll. Noch scheint mir diese Zehn als Meilenstein weit entfernt zu sein. Noch spielt der Grosse zu gern mit

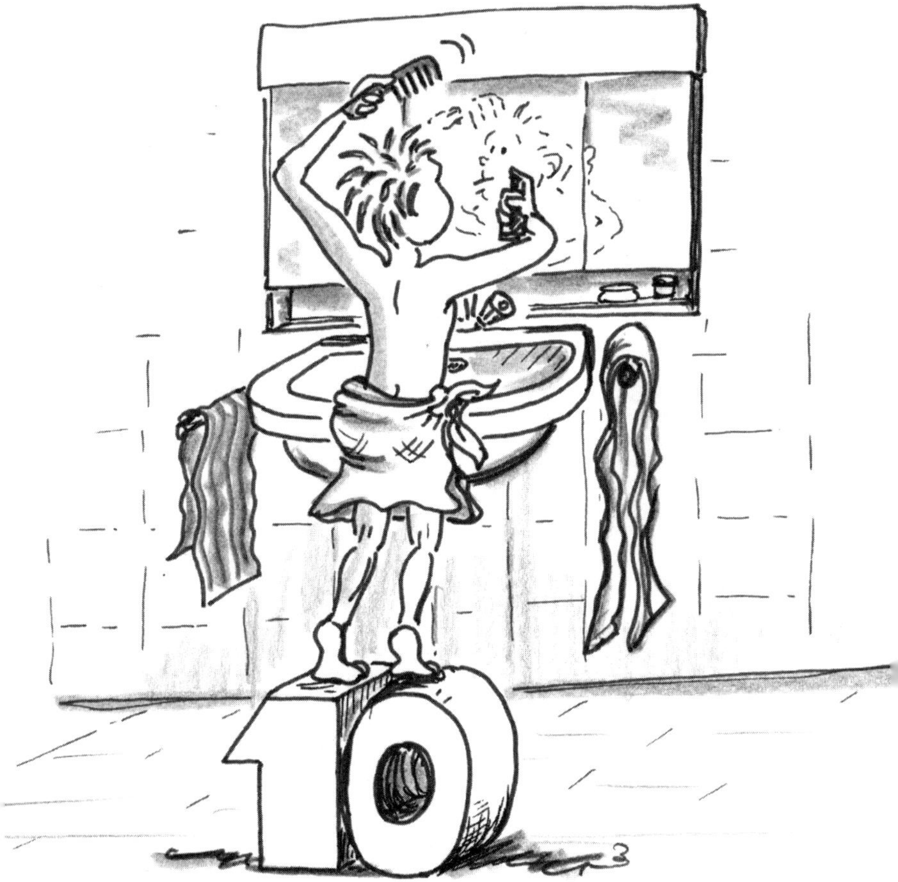

seinen Legos, und noch ist er tief in seinem Innern ein kleiner Bub. Oder? Oder soll ich seinen kürzlichen Wunsch nach Gel in den Haaren und einem Sprutz «Männerparfüm» am Hals eben doch als Vorboten deuten? Laut Statistik wären wir jedenfalls voll im Fahrplan.

ZURÜCK AN DEN HERD

Es wurde viel darüber geschrieben in letzter Zeit: Frauen würden in der Berufswelt immer noch diskriminiert, das klassische Ernährermodell – der Mann verdient das Geld, die Frau steigt aus dem Job aus – setze sich wieder vermehrt durch, das Vereinbarkeitsmodell funktioniere nicht und das Wichtigste: Mütter schaffen den Spagat zwischen Familie und Beruf nicht mehr, sie wollten ihn auch gar nicht mehr schaffen. Deshalb kehrten sie immer öfter ihrem Beruf den Rücken und würden wieder Vollzeit-Mamis.

Ich habs auch getan. Ja, Sie lesen richtig: Ich habe meinen Job, also meinen «richtigen» Job, den ich zusätzlich zum Mutter- und Hausfrausein ausübte, an den Nagel gehängt. Weshalb? Wollen Sie hören, dass ich diskriminiert wurde, dass es keine Vereinbarkeit zwischen Familie und Beruf gibt, dass ich den Spagat nicht schaffte oder dass ich ohnehin nie wirklich arbeiten wollte?

Nichts von dem kann ich als Grund ins Feld führen. Oder vielleicht doch von allem ein bisschen? Ich kann Ihnen nicht schlüssig erklären, was letztlich den Ausschlag für diesen Entscheid gegeben hat, weil ich es selbst nicht ganz genau weiss. Was ich aber weiss, ist Folgendes: Wenn ich mich vor sieben Jahren noch so freute, zwei, drei Tage die Woche die Familie hinter mir lassen zu können, so freue ich mich heute auf jede Minute, die ich noch mit meinen immer schneller wachsenden Buben verbringen kann. Was im Übrigen nicht automatisch heisst, dass ich – Sie kennen mich ja – vollständig zurück an den Herd kehren und «nur» noch Hausfrau und Mutter sein werde. Sie dürfen also gespannt sein, was sich hinter dem «nur» so alles verbirgt. Doch zuerst heisst es: den Ferienbeginn und meine Auszeit in vollen Zügen geniessen!

DEN MUND AUFMACHEN

Ich schreibe «nur» Familienkolumnen und möchte damit keine politischen Aussagen machen. Doch als Seconda kann ich für einmal nicht anders und muss dagegenhalten, den Mund aufmachen. So wie die deutsche «Panorama»-Chefin in ihrem «Tagesthemen»-Kommentar vor ein paar Tagen dazu aufgerufen hat: «Wenn man nicht der Meinung ist, dass alle Flüchtlinge Schmarotzer sind, die verjagt, verbrannt oder vergast werden sollten, dann sollte man das deutlich kundtun. Dagegenhalten. Mund aufmachen. Haltung zeigen.» Wir waren in den Ferien am südlichen Ende Italiens. Da, wo die Flüchtlinge stranden, wenn sie überhaupt lebend ankommen. Wir waren als privilegierte Reisende da, wo die Flüchtlinge unter teils menschenunwürdigen Verhältnissen leben und die Strände entlang arbeiten «dürfen». Wir haben gesehen, wie sie von genauso privilegierten, doch respektlosen Touristen herablassend behandelt und wie sie von der einheimischen Bevölkerung zwar mit etwas mehr Anstand, aber dennoch deutlich auf Distanz gehalten wurden. Wie etwas, das weniger Angst als vielmehr Abscheu auslöst. Das macht mich betroffen: diese menschenverachtende Haltung, die zur aktuellen rassistischen Hetze gegen alle Flüchtlinge führt.

Dabei wollen diese Menschen – genauso wie wir – nur eins: eine Zukunft. Wie damals meine, unsere Eltern und vor ihnen viele unserer Grosseltern und Urgrosseltern, die auch flohen, weil sie in ihrer Heimat keine Perspektive hatten. Irgendwann waren wir alle einmal Flüchtlinge und könnten es wieder werden! Vergessen wir nie, dass es nur grosses Glück oder Pech ist, wo man auf die Welt kommt, und begegnen wir deshalb allen Menschen stets mit einer offenen Haltung und einem offenen Herzen.

VON UNDENKBAR ZU SELBSTVERSTÄNDLICH

Nein, liebe Leser und Leserinnen, ich werde nicht auch noch über Aylan schreiben, sondern von drei Bauarbeitern berichten: ein Italiener, ein Portugiese und ein – ich nenne ihn genau so wie er sich selbst – ein Muselmann!

Diese drei Bauarbeiter werken an einem Haus vis-à-vis von unserem und üben nicht nur auf unsere Buben eine starke Faszination aus, sondern ganz speziell auf mich. Nicht, weil sie über tolle, braun gebrannte Oberkörper verfügen, sondern weil diese drei Männer für mich Symbol für ein erfolgreiches Miteinander verschiedener Kulturen sind.

Frühmorgens betreten sie pfeifend die Baustelle und starten laut palavernd in den Tag. Sie reden über ihren Sonntag im Schrebergarten, über ihre Kinder und ihre Frauen. Sie diskutieren, wie früh sie abends ins Bett gehen, um tags darauf fit für die Arbeit zu sein. Sie raten einander, viel Wasser zu trinken, um gesund zu bleiben, und werweissen, wie viele Male pro Tag ein richtiger Mann Sex haben sollte, um glücklich zu sein. Sie reden ohne Berührungsängste auch über die Bibel und den Koran und stimmen einander zu, dass Gott für alle derselbe sei und dass es letztlich nur darauf ankomme, niemandem etwas Böses zu tun. Sie reden Italienisch, fachsimpeln auf Züritüütsch, singen spanische Lieder und arbeiten motiviert an einem Schweizer Haus. Und alles ist einfach nur selbstverständlich.

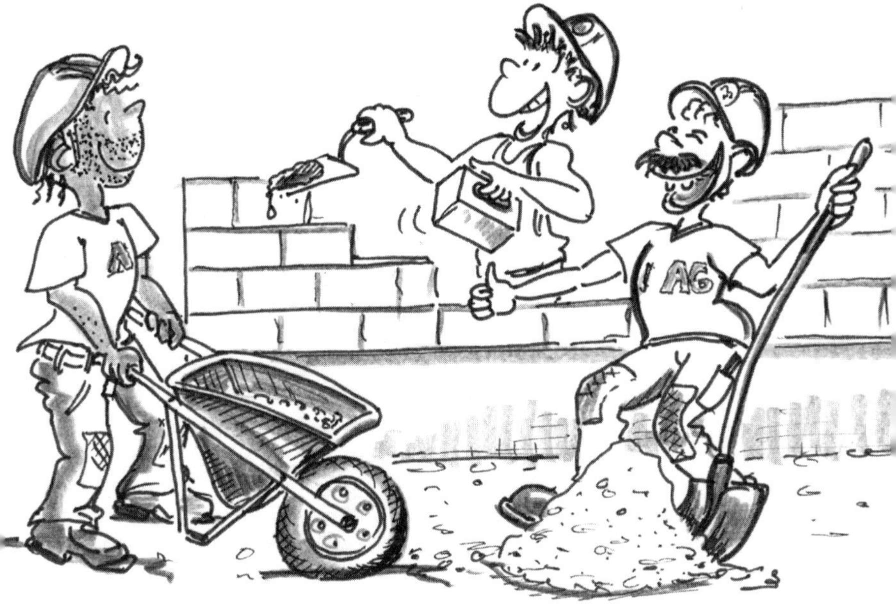
AG

Weshalb erzähle ich Ihnen das, und was hat das Ganze eben doch auch mit Aylan zu tun? Vor 50, 60 Jahren – zur Immigrationszeit meiner Eltern – wäre diese Selbstverständlichkeit undenkbar gewesen. Persönlich hoffe ich, dass auch in der Flüchtlingsfrage vieles heute noch Undenkbare schon bald zur Selbstverständlichkeit werden wird.

DIE FEUERPROBE

Die Herbstferien stehen vor der Tür, und zum ersten Mal, seit wir eine Familie sind, gehen wir nicht als Familie in die Ferien. Zur ohnehin melancholischen Stimmung, die mir der Herbst beschert, gesellt sich heuer ein neues, ungekanntes Gefühl. Eine Mischung aus Sehnsucht nach den zur Tradition gewordenen gemeinsamen Herbsttagen in den Bergen, gekoppelt mit Reue, den diesjährigen Herbstferienentscheid vor ein paar Monaten so unbekümmert gefällt zu haben: Die Buben werden alleine in ihr erstes wöchiges Pfadilager ziehen, und wir Eltern bleiben zu Hause und machen einfach unser Ding weiter. Nie zuvor waren wir so lange von unseren Buben getrennt.

Lange schob ich alle Gedanken an diese Feuerprobe weg. Doch mit dem Erhalt des Aufgebots und der Packliste für das Wölflilager holte mich vor ein paar Tagen die Realität ein: Die Buben werden am Samstag ausgerechnet mit Odysseus – Held aus meiner Kanti-Zeit – auf Segeltour gehen und dabei dem grausamen einäugigen Zyklopen und den perfiden Sirenen mit den einlullenden Stimmen begegnen.

Um die Vorfreude der Buben auf ihr erstes grosses Abenteuer ohne Eltern auf keinen Fall wegen meiner durchzogenen Gedanken zu trüben, mache ich seit Tagen gute Miene zum bösen Spiel: Zur Einstimmung suchen wir nach Bildern, Hörgeschichten und Videos im Netz und durchleben gemeinsam einige von Odysseus' Abenteuern, die mich als junges Mädchen auch so fasziniert hatten. Dabei sehe ich mich jetzt schon als liebende Penelope, die – wenn auch nicht gerade zehn Jahre auf ihren Mann Odysseus – doch immerhin ganze sieben Tage einsam und traurig auf die Rückkehr ihrer Buben warten muss.

ODE ANS TURNTÄPPI

Beim Ausmisten zu klein gewordener Kinderschuhe bin ich auf ein paar zerfetzte Turntäppi gestossen und dabei in einen emotionalen Gedankenstrudel geraten. Kaum ein Schuh ist so sehr mit Kindheitserinnerungen verbunden wie das Turntäppi! Ob in der Spielgruppe, im Kindergarten, im Musikunterricht oder beim Turnen – jedes Kind kennt diese Schühchen mit der biegsamen, rutschfesten Sohle, die dem Kinderfuss Bodenhalt beim Spielen, Tanzen oder Turnen geben. Es gibt sie heute in vielen Farben, aus Stoff oder aus Leder, mit Gummi- oder Ledersohle – doch die meisten bevorzugen immer noch das klassische Modell aus schwarzem oder weissem Stoff, mit Gummizug auf dem Rist und mit heller, feingenoppter Gummisohle!

Die einen tragen sie liebend gerne, die anderen hassen sie. Die einen überkommt bei deren Anblick die Vorfreude aufs Turnen, die anderen spüren nur ihre gekrümmten Zehen schmerzen. Den einen steigt beim Stichwort «Turntäppi» dieser unverkennbare Geruch von miefigen Garderoben und Turnhallen in die Nase, andere sehen sich darin grazil Bodenturnübungen machen. Den einen rutschen ständig die Fersen hinten raus, den anderen platzen seitlich die Nähte. Turntäppi scheinen nie richtig zu sitzen: zu gross, zu klein, zu weit, zu eng, zu neu, zu steif, zu alt, zu ausgelatscht. Und doch: Alle tragen sie, immer noch!

Turntäppi begleiten einen ein Kinderleben lang und sogar darüber hinaus, wenn man sie als Eltern in grossen Grössen

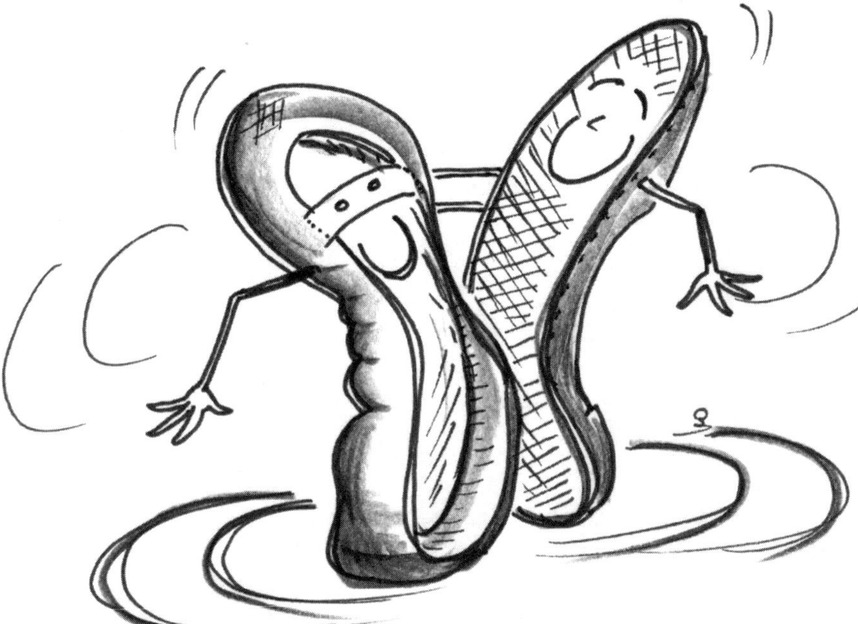

wieder kauft und überzieht, um mit den eigenen Kindern ins MuKi- oder VaKi-Turnen zu gehen, einen Indoorspielplatz oder ein Familienhotel mit Spielhalle zu besuchen.

Hoch lebe das Turntäppi!

GNADE DIR GOTT, WENN «ER» KOMMT

Gehören Sie zu denjenigen, die genau wissen, dass alle Jahre am ersten Mittwochnachmittag des Februars ein Sirenentest gemacht wird? Oder eher zu denjenigen, die es zwar nie so genau wissen, denen es aber auch egal ist, weil jeder Sirenenalarm in der Schweiz sowieso nur ein Probealarm sein kann? Ich gehöre zu der Sorte, die zwar sehr wohl von den Tests weiss, aber trotzdem jedes Mal so Schiss bekommt, als wäre es ein echter Alarm.

Diese Angst sitzt bei mir seit Kindsbeinen so tief, dass beim fürchterlichen Geheul – insbesondere des Wasseralarms – mein Gehirn und mein Körper verrückt spielen. Schuld daran sind die unheilverkündenden Aussagen, die wir damals als Kind aufgeschnappt haben und nicht richtig einordnen konnten. Ständig hörten wir Glarner Kinder: «Jechtersgott, wänn dr Linth-Limmerä chunnt oder dr Garichti, dä versuufemer z Schwandä alli gottserbärmlich, wämmer nüt sofort id Höchi seggled!»

Dieses Reden in der dritten Person, diese Angst vor dem Wasser, das wie ein Feind ins Glarnerland einmarschieren könnte, lässt mich heute noch jeden Staudamm fürchten und hassen. Was wir genau zu tun hätten, wo hinauf wir seckeln sollten und wie sich der Wasseralarm vom allgemeinen Alarm unterscheidet, das sagte uns niemand so richtig.

Ich bin froh, wird offensichtlich bei unseren Kindern nicht dieselbe Panikmache betrieben. Weshalb sonst haben sie letzten Mittwoch kaum mit der Wimper gezuckt und nur lapidar gefragt, was der ganze Lärm soll? Doch: Wieso wissen sie grad gar nichts davon? Wischt man das Thema heute ganz unter den Teppich? Immerhin kann hier in Zürich ja jederzeit der Sihlsee kommen, oder?

DER DUFT DER ALTEN ZEITEN

Düfte haben eine unwiderstehliche Wirkung auf mich. Sie wecken ganz unerwartet Erinnerungen und Gefühle in mir, die mich schlagartig und intensivst in vergangene Zeiten zurückversetzen. So wie dieser betörende Duft in einer kleinen Braunwaldner Bäckerei. Von einem Augenblick auf den anderen war ich wieder die kleine Rita, die am frühen Abend an der Hand der Mutter zum Schwandner Begg am Chrüzplatz ging, um noch ein Tessinerbrot oder – immer freitags – zwei deftige Stücke Mohrenkopfkuchen zu holen, bevor mein Vater von der Arbeit heimkehrte und wir den Feierabend oder das Wochenende einläuten konnten.

Genauso einzigartig wie diese Patisserie, die mit viel Vanillecreme gefüllt und mit dicker Schokolade überzogen war, war auch der einnehmende Duft, der aus der Backstube kam. Nie hatte ich mich gefragt, weshalb es bei unserem Begg so herrlich duftete, weil es einfach selbstverständlich war. Doch genau in dem Moment, als ich die Bäckerei in Braunwald betrat, realisierte ich, dass ich diesen Duft seit Jahren nicht mehr wahrgenommen hatte, ohne den Grund dafür zu kennen.

In dieser Backstube wird eben noch nach alter Väter Sitte «gehebelt». Der Bäcker leistet jeden Abend eine grosse Vorarbeit, indem er den Teig vorproduziert. Anschliessend lässt er den Hebel, also den Vorteig, lange ruhen, was ihm die Möglichkeit gibt, diese unverkennbaren Duftstoffe sowie ein ganz besonderes Aroma zu entwickeln. «Wissen Sie», beantwortete

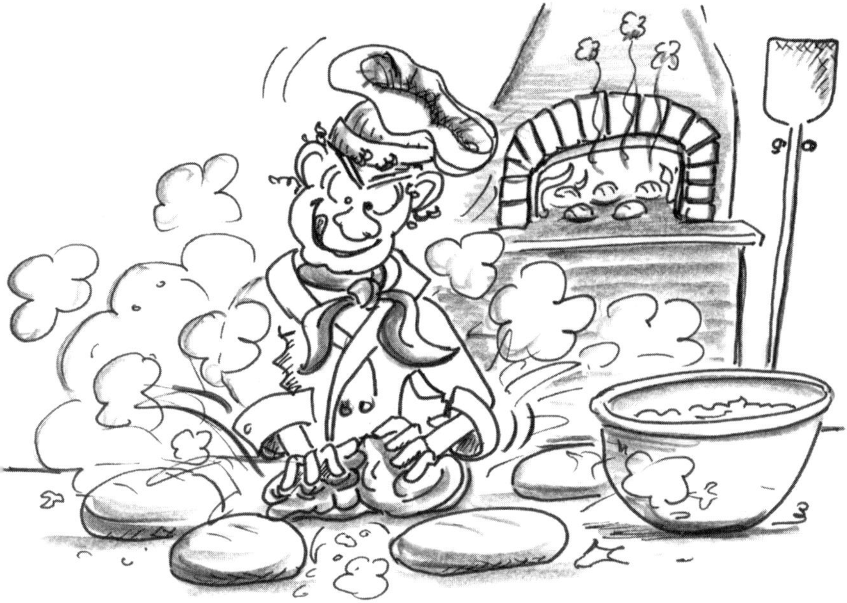

die Bäckersfrau meine naive Frage, «das ist eben noch richtiges Handwerk. Heute leistet sich das niemand mehr. Geniessen Sie es, solange Sie noch können!»

SCH WIE SCHWEIZER UND SCHWIMMEN

Wir Italiener haben es nicht so mit dem Schwimmen. Wir nennen uns zwar gerne «gente di mare», also Meeresmenschen, meinen damit aber das nonchalante Herumstehen im bauchnabelhohen Salzwasser. Auch reden wir nie von «schwimmen», sondern von «baden» und schliessen das Sonnenbaden natürlich gleich mit ein.

Das Schwimmen wurde mir also nicht in die Wiege gelegt. Auch habe ich es während der Schulzeit nie richtig gelernt, denn Schwimmen war kein Bestandteil des Unterrichts. Wenn es hoch kam, gingen wir in den kurzen Sommerwochen statt in die Turnhalle zwar ein paarmal in die Badi, aber die Zeit reichte nie aus, um uns Secondos das Schwimmen beizubringen. Während die Schweizer Kinder alle schon den Chöpfler beherrschten und tipptopp kraulen konnten, übten wir Aussenseiter stümperhaft den Froschschwumm und schafften es nur knapp, uns über Wasser zu halten. Wie auch beim Skifahren, verleidete uns das Schwimmen rasch, und wir hängten gleich beide Disziplinen an den Nagel. Zum Glück hatten wir ja unsere fünf Wochen Sommerferien, wo wir einfach so baden konnten, wie wir es am liebsten taten.

Als unsere Buben auf die Welt kamen, schwor ich mir, dass sie es anders haben sollten. Wir besuchten das Babyschwimmen, später das Kleinkinderschwimmen und nachher die Kurse bei den Zürileuen. Unterstützt wurde mein Ansinnen durch das Schulschwimmen und das breite Angebot rund um die Sportart, die zur beliebtesten der Zürcher gehört. Nun habe ich tatsächlich zwei Wasserratten zu Hause, eine davon hat sich letzte Woche sogar für den Züri-Fisch-Halbfinal qualifiziert. Können Sie sich vorstellen, wie ich auf diesen «Integrationserfolg» stolz bin?!

IN GUTEN WIE IN SCHLECHTEN ZEITEN

VEREINT VOR DER KISTE

Kinder und Fernsehen – das ist ein heisses Eisen! Als Eltern sind wir alle so sehr darauf bedacht, unsere Kinder konsequent vor diesem angeblich dumm und süchtig machenden Medium fernzuhalten, dass wir dabei vergessen, dass wir selber als Kind auch ferngesehen haben. Und nicht einmal wenig. Trotzdem sind wir nicht alle zu verdummten Suchthaufen geworden.

Gerade heutzutage, wo jeder nur noch in seine eigene kleine Kiste glotzt, sollten wir uns der guten Seiten des Fernsehens besinnen. Fernsehen kann nämlich durchaus positive Aspekte aufweisen – zum Beispiel dann, wenn es die Familie zusammenbringt. So wie früher, als wir Kinder uns gemeinsam mit unseren Eltern am allerliebsten samstagabends vor den Fernseher setzten, um «Scacciapensieri» zu schauen. Eine halbe Stunde lang kugelten wir uns auf dem Sofa und lachten, bis uns die Bäuche wehtaten – unsere Eltern genauso wie wir Kinder!

Dieser Fixpunkt am Ende der Woche stellte eines unserer heiligsten Familienrituale dar. Später kamen weitere Sendungen dazu: «Im Reich der wilden Tiere», «Daktari», «Die Waltons» oder aber auch «Bonanza» und ganz viele mehr – hach, was schauten wir viel und gerne fern! Immer gemeinsam und immer lernten wir dabei viel mehr, als es uns hätte schaden können.

Von allen möglichen dumm und süchtig machenden Dingen erachte ich heute Fernsehen als eines der weniger schlimmeren Übel. Doch auch bei uns gilt immer noch: Geschaut wird gemeinsam. Derzeit am liebsten «Das grösste Schweizer Talent». Lernen kann man dabei vielleicht nicht so viel, aber sich dafür umso besser gemeinsam ärgern, nerven oder herzhaft lachen – und das verbindet ungemein!

GESCHENK: ERINNERUNGEN

Vor sage und schreibe dreissig Jahren fuhr ich mit meinen Klassenkameraden zum ersten Mal mit dem Nachtzug nach Wien. Es war die Zeit unserer Maturareise, und entsprechend überdreht waren wir alle. Die Nacht im Liegewagen war uns viel zu schade, um zu schlafen. Stattdessen hörten wir den damals genauso jungen Eros Ramazzotti, sangen seine Hymnen von aufgewühlten Herzen und neuen Helden, schwatzten, alberten die ganze Nacht hindurch und fühlten uns bei der Ankunft frühmorgens in Wien auch ohne Schlaf energiegeladen, jung, schön und vor allem unbezwingbar!

WENN SIE MÖGEN, KÖNNEN SIE UNSERE FERIENERLEBNISSE IN WIEN IN UNSEREM BLOG NACHLESEN:

Es gibt kein Alter, in dem alles so derart intensiv erlebt wird wie in der Kindheit oder Jugendzeit. Die schönen Erinnerungen an diese Reise, die über all die Jahre wachgeblieben sind, waren es dann auch, die mich dazu bewogen, unsere allererste Städtereise als Familie nach Wien ebenso wie damals mit dem Nachtzug anzutreten. Geschlafen habe ich wieder nicht, wenn auch aus anderen Gründen: Dieses Mal waren die Buben die Überdrehten, welche die Lichter der vorbeiziehenden Nachtlandschaft und die Geräusche des Nachtzugs viel zu abenteuerlich fanden, um zu schlafen. So sehr ich etwas Ruhe nötig gehabt hätte, bevor es am nächsten Morgen mit unserem Städtetrip losgehen würde, so sehr fühlte ich mich in meiner Schlaflosigkeit aber auch glücklich und dankbar. Denn ich wusste: Mit dieser Zugfahrt durch die Nacht habe ich unseren Buben unvergessliche Ferienerinnerungen geschenkt. Aufgewühlte und regelrecht aufgerüttelte und durchgeschüttelte Herzen inklusive!

DIE FLUCHT NACH VORNE

Es heisst, dass gerade in der Meinungsverschiedenheit die Chance liegt, zu lernen und sich weiterzuentwickeln. Im Familienleben gibt es wohl kein besseres Beispiel für Konfliktherde mit Entwicklungspotenzial als die Themen Technologie, Informatik und Neue Medien.

«Mamma, wir wünschen uns ein Handy, einen iPod, ein iPad, einen PC und eine Nintendo-Konsole!», «Mamma, dürfen wir Spotify machen? E-Mails schreiben? Googeln? Gamen?» Ich hoffte, es länger hinauszögern zu können, doch so tönt es seit Monaten nun auch bei uns. Statt ständig mit Computer- und Games-verrückten Kindern über einen sinnvollen Umgang mit all diesem neuen Zeugs und über die damit verbundenen Regeln zu streiten, habe ich mir sagen lassen, dass es besser sei, den Stier bei den Hörnern zu packen: Ich werde also den von Experten empfohlenen und hochgelobten «kreativen und intelligenten Einsatz von Technologie, Informatik und Neuen Medien» bewusst forcieren und mit den Jungs in die Offensive gehen. Anfang Juni werde ich sie die Informatiktage in Zürich besuchen lassen, damit sie gemäss vielversprechendem und kinderfreundlichem Programm die Stadt von morgen als Lego-City-Modell aufbauen, Ameisen codieren, bunten Schildkröten das Laufen beibringen oder einen Carrerabahn-Autopiloten programmieren können!

WIE DIGITALE MEDIEN KREATIV EINGESETZT WERDEN KÖNNEN, FINDEN SIE HIER:

Aus der Not eine Tugend machen, sagen die Experten. Sehr gut. Wenn die Buben diesen ganzen neuen Kram nicht mehr aus den Händen geben wollen, so schaue ich halt, dass sich daraus mit Humor und Kalkül etwas Gescheites machen lässt. Meine Eltern wollten aus mir einen

Dottore oder einen Avvocato machen – ich mache aus meinen Buben jetzt eben Informatiker!

DAS NEUE POESIEALBUM

Unser Grosser hat bereits einige Freundschaftsbücher ausgefüllt. Dabei habe ich jedes Mal an meine eigene Primarschulzeit denken müssen. Wie alle Mädchen damals hatte auch ich eins, aber wir nannten es etwas hochfliegender Poesiealbum! Alle verfügten sie über einen besonderen Einband, häufig aus Stoff und vielfach wattiert. Auf die weissen Seiten, die durch knisternde Seidenpapierblätter getrennt wurden, zeichneten wir uns gegenseitig die schönsten Sachen und schrieben uns Versli und Gedichte, deren tiefgründigen Sinn wir nicht immer verstanden. Hauptsache aber: Das Erinnerungsstück kam möglichst sorgfältig gestaltet und bedeutungsvoll daher! Schliesslich sollte das Werk für immer und ewig an die gemeinsame Zeit erinnern.

Damals waren Poesiealben Mädchensache. Wurde hin und wieder dennoch ein (Herz-)Bub um einen Eintrag gebeten, so brachte ihn die Anfrage in zweifacher Hinsicht in Verlegenheit: Überforderung mit der Aufgabe und Scham, dass sich daraus eine zum Gespött werdende «Liebesgeschichte» ableiten liesse. Bezeichnenderweise hat mir ausgerechnet der Bub, in den ich verliebt war, die unglücklichste Zeichnung und die bedeutungsloseste Widmung in meinem ganzen Album gemacht. Was mich nicht nur sehr kränkte, sondern mir die ganze Freude an meinem Album nahm.

Auch wenn ich es bedaure, dass Freundschaftsbücher heute vielfach als Merchandising-Produkte aus der Film- und Musikwelt daherkommen und man darin nicht mehr wirklich zeichnen oder viel schreiben muss, so freue ich mich doch sehr darüber,

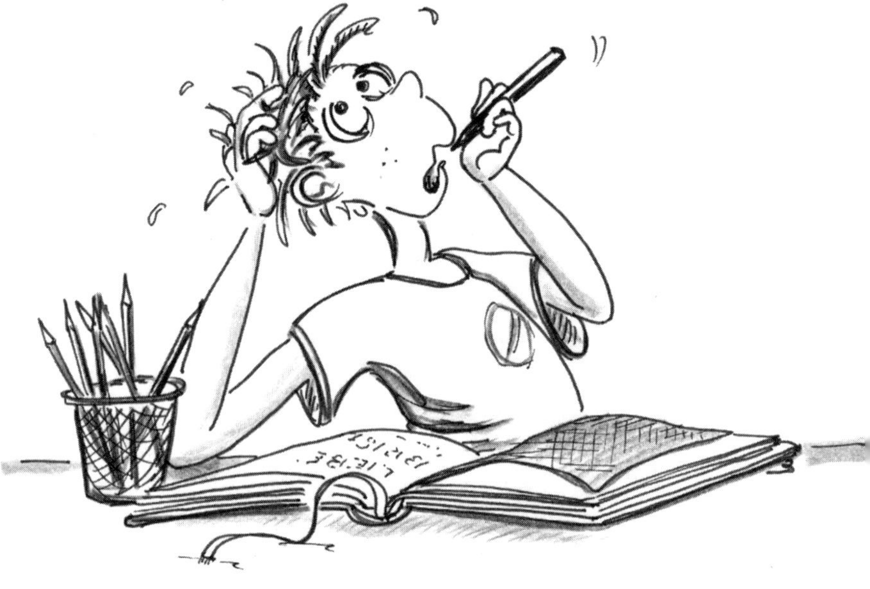
LIEBE

dass sie eine zwanglosere Bedeutung haben und unterdessen auch zu einer Bubensache geworden sind!

ZU VIEL DES GUTEN

Schon letztes Jahr habe ich den Vergleich gezogen: Das Ende eines Schuljahrs klingt genauso aus wie das Ende eines Kalenderjahres: in einem Feuerwerk an Höhepunkten in Form von Aktivitäten und Festivitäten. Es finden Sporttage statt, Ausflüge, Schülerkonzerte und Theateraufführungen, Badi-Tage, Projektwochen, Schulreisen, Grillabende und Verabschiedungen – das ganze Jahr scheint nur aus diesen letzten Wochen vor der Sommerpause zu bestehen, so viel wird da jedes Mal reingepackt.

Natürlich ist dies verdankenswert, denn es ist alles andere als selbstverständlich, dass die Schule so viel Tolles auf die Beine stellt. Aber so, wie ich mir lieber einen ruhigeren Ausklang des Kalenderjahres wünschte, so wäre für mich persönlich etwas weniger Aktivismus vor dem Schuljahresende mehr. Auch aus Kinderoptik.

Ich mag ihnen den geballten Spass vor den Sommerferien ja gönnen, ich frage mich einfach, wie viel von jeder einzelnen, stets als Highlight bezeichneten Aktivität am Ende hängen bleibt. Was ist für Kinder noch wirklich speziell, wenn sie von Höhepunkt zu Höhepunkt hüpfen? Wird die sonst so verschriene Spassgesellschaft nicht auch dadurch angeheizt? Wie langweilig muss sich der Schulbeginn im August anfühlen, wenn nicht mehr jede Woche mindestens etwas Lustiges stattfindet?

Ich weiss nicht, vielleicht sehe ich das zu eng. Aber seinerzeit gabs bei uns im Sommerhalbjahr einen Sporttag und eine Schulreise. Und vor den langen Sommerferien las uns die Lehrerin in der allerletzten Stunde am Samstagvormittag (!) als absolutes

Highlight etwas vor. Nicht mehr und nicht weniger, bevor wir dann alle – mindestens so glücklich wie die Kinder heute – in die lange Sommerpause entlassen wurden!

LEBENSSCHULE KINDERFLOHMI

Als Betriebsökonomin wollte ich schon immer, dass die Buben checken, wie das mit dem Wert der Dinge und dem lieben Geld so funktioniert, und drum habe ich früh mit ihrer ökonomischen Erziehung angefangen. Nicht nur theoretisch am Beispiel von eigenen Sparkässeli oder durch die Einführung von Taschengeld, sondern auch praxisbezogen mit der Teilnahme an Kinderflohmis. Rasch haben die Buben gelernt, dass man Dinge auch secondhand kaufen und damit glücklich werden und dass man durch das Verkaufen von nicht mehr benütztem Hab und Gut auch ein Zeichen gegen die Wegwerfgesellschaft setzen kann, das zudem für Käufer und Verkäufer gleichermassen budgetfreundlich ist.

Genauso rasch haben sie aber auch lernen müssen, dass die Auffassungen davon, wie viel Dinge überhaupt wert sind, sehr unterschiedlich sind, so wie die kulturbedingt verschiedenen Handelsgepflogenheiten: Während auf Anbieterseite die einen bis zum bittern Ende eine erfolglose Hochpreispolitik verfolgen und den ganzen (Qualitäts-)Krempel abends wieder nach Hause schleppen, betreiben die anderen eine marktdestabilisierende Preisdumping-Strategie, um das ganze herangeschleppte (Plastik-)Gschmeus bis am Abend einfach nur loszuwerden. Genauso gibt es auf Nachfragerseite solche, denen die Tradition des Handelns fremd ist und die einen genannten Preis nicht hinterfragen, und solche, die davon ausgehen, dass ein genannter Preis nie der Endpreis ist, und diesen stets herunterhandeln.

Tja, so wie Betriebswirtschaft mehr als nur Zahlen umfasst, so ist ein Kinderflohmi ein Schmelztiegel von Lern- und Sozialisationsprozessen, wo Kinder nicht nur viel übers Geld, sondern noch ganz viel mehr über unsere Gesellschaft erfahren.

ANDERE LÄNDER, ANDERE SITTEN

Stellen Sie sich das genau vor: Während wir hier seit dem Ende der Sommerferien bereits wieder sieben Schulwochen lang am Rotieren sind, sind die Sommerferien in Italien erst grad zu Ende gegangen! Nach über drei Monaten schulfrei hiess es vor zwei Wochen nun auch in Bella Italia endlich wieder «Back to school!». Für die vierzehn Wochen lang mit Betreuungsfragen hart auf die Probe gestellten Eltern (und Grosseltern!) bedeutet dies aber längst nicht, dass sie sich nun endlich auch wieder ihren Dingen widmen können. Nein, ganz und gar nicht, denn: Auch wenn die Schulpforten nun wieder offen sind, heisst dies in Italien nicht unbedingt, dass der Schulbetrieb auch läuft. Es beginnt schon damit, dass bis wenige Tage vor Schulbeginn auf den Schul-Websites nicht publiziert wird, wann die Schule denn nun wirklich startet. Dies muss auch nicht zwingend montags sein.

LESEN SIE DOCH UNSERE SPANNENDE DOLCE-VITA-GASTKOLUMNE DIREKT AUS LIGURIEN AUF UNSEREM BLOG:

Ausserdem sind die Stundenpläne in den ersten Wochen provisorisch, die Schulmensa wird erst ab Oktober in Betrieb genommen, genauso wie die Nachmittagsschule. Viele Lehrerstellen sind noch nicht besetzt, folglich setzt sich der Schulbetrieb nur schleppend in Bewegung, und es muss notgedrungen improvisiert werden. Nicht nur in der Schule, sondern vor allem auch in der Familie. Solche Zustände herrschen übrigens nicht nur im tiefsten Süden des Landes, sondern auch im hohen Norden. Woher wir das wissen? Weil wir neu eine Auslandskorrespondentin haben, die uns monatlich über den wahren alltäglichen Familienwahnsinn berichtet. Denn unserer hier in der Schweiz ist im Vergleich dazu ein wahres Zuckerschlecken.

VIELSAGENDE ZIMMERBLICKE

Damals fand der Schulbesuchstag noch am Samstagvormittag statt. Wann sonst hätten Eltern die Zeit gefunden, ihre Kinder in der Schule zu erleben? Selbst samstagvormittags war es nicht selbstverständlich, dass es allen passte, denn die Sechstagewoche war damals nicht nur in der Schule noch die Norm. Auch gab es dannzumal einen einzigen Schulbesuchstag pro Jahr und entsprechend wichtig war dieser Tag im Leben einer Familie mit Schulkindern. Wie es sich für Highlights gehört, pützelten mein Vater – er war es nämlich, der mich stets begleitete – und ich uns jeweils heraus, um als Ausländerfamilie eine gute Figur zu machen. Mein Vater ging stets in Anzug und Krawatte zum Besuchstag, ich mit adrett gebundenem Pferdeschwanz. Am Besuchstag gab ich mir noch mehr Mühe als sonst, aufzustrecken, und der Lehrer schaute sorgfältig darauf, dass jedes Kind, das einen Elternteil dabeihatte, sich entsprechend in Szene setzen konnte. Denn dies war das eigentliche Ziel des Besuchstages: Ich wollte meinem Vater zeigen, dass ich eine gute und angepasste Schülerin war, und für ihn war es die grösste Genugtuung, zu sehen, dass sein Kind keine Probleme in der Schule hatte und integriert zu sein schien. Nach einer richtigen Antwort gab es drum auch immer diesen komplizenhaften Blickaustausch zwischen uns, dieses gegenseitige Zeichen für «es läuft gut, wir haben bis jetzt alles gut hingekriegt», das uns beide mit Zufriedenheit und Stolz erfüllte.

Zum Glück verlaufen die Besuchstage heute in jeder Sicht viel entspannter. Was aber bleibt, trotz anderer Zeiten, sind diese einzigartigen Schulzimmerblicke zwischen Eltern und Kindern, die Bände sprechen und mitten durchs Herz gehen, wenn man sie erhascht!

EIN HOCH AUF DAS SCHUEMÄCHERLI

«Schuemächerli, Schuemächerli Was choschte myni Schue? Drü Bätzeli, drü Bätzeli Und d Negeli derzue!»

Welch schöne Erinnerungen sind aufgekommen, als ich vor ein paar Tagen eine Reportage über den letzten echten Schuhmacher im Linthgebiet gesehen habe! Dieses Gewerbe ist ja beinahe ausgestorben, aber der quirlige, weitherum bekannte Schuhmacher Hans Müller aus Uznach führt es im Alter von über 80 Jahren professionell und stolz wie eh und je weiter.

Wie schön, dass ihm dies nicht zuletzt deshalb vergönnt ist, weil er noch auf so viele Kunden zählen darf, die sein meisterhaftes Handwerk schätzen, obwohl es heutzutage auf den ersten Blick oftmals einfacher und günstiger wäre, wenn man sich husch-husch ein paar neue, billige Schuhe kaufen und die kaputten einfach wegwerfen würde.

Wir hatten auch so einen Schuhmacher im Dorf: Herr Cornelli. Was aus ihm geworden ist, weiss ich nicht, aber ich weiss, wie viele Schuhe, Stiefel, Taschen, Rucksäcke, Gürtel und Schultheke er mir und meiner ganzen Familie geflickt hat! Für Herrn Cornelli war nichts unmöglich, für alles fand er eine Lösung! Heute traue ich mich kaum, kaputte Schuhe zum Flicken zu bringen. Denn die meisten heutigen Schuhmacher-Verschnitte lehnen den grössten Teil meiner Reparaturanfragen von vornherein mit einem mitleidigen Grinsen und abwertendem Handzeichen ab: «Kann man nix machen.» Manchmal frage ich mich, ob sie es einfach nicht können oder schlichtweg nicht wollen. Ich würde weit gehen für Herrn Cornelli. Vielleicht gehe ich nächstes Mal doch tatsächlich nach Uznach.

SCHUSTER, BLEIB BEI DEINEM LEISTEN

So viele Leserreaktionen wie auf meine letztwöchige «Schuemächerli»-Kolumne habe ich noch nie erhalten! Vielen Dank für all Ihre Insidertipps, wo es in Zürich – allen Unkenrufen zum Trotz – doch noch richtige Schuhmacher gibt, die ihren Beruf meisterhaft ausüben!

An der Seefeldstrasse, gerade gegenüber der NZZ, soll es einen feinen geben, mit Kunden weit über die Stadtgrenze hinaus. Am Berninaplatz gebe es auch noch eine Perle dieses Metiers, mit einem Gedächtnis wie ein Elefant. In Schwamendingen werke ebenfalls noch ein Vertreter der guten alten Garde, und an der Schlossgasse im Kreis 3 gebe es einen, der es sogar mit Bild in ein Kinderliederbuch geschafft habe!

Dass es unter all diesen «Schuemächerli» einige Italiener gibt, hat mich natürlich ganz besonders gefreut. Genauso wie eine unerwartete Rückmeldung einer längst aus den Augen verlorenen Bekannten aus alten Zeiten, die mir mitten ins Herz gegangen ist: «Ich habe deinen Artikel im ‹Tagblatt› gelesen, und du hast Kindheitserinnerungen bei mir geweckt! Ich erinnere mich gut an den Herrn Cornelli und habe mein Mami nach ihm gefragt. Leider ist er verstorben. Ich wohne jetzt auch in Zürich und habe im Quartier auch einen superguten, alles flickenden Schuhmacher!»

Und jetzt weiss ich auch nicht. Ich wollte behaupten, es gebe keine richtigen Schumacher mehr, und nun könnte ich locker

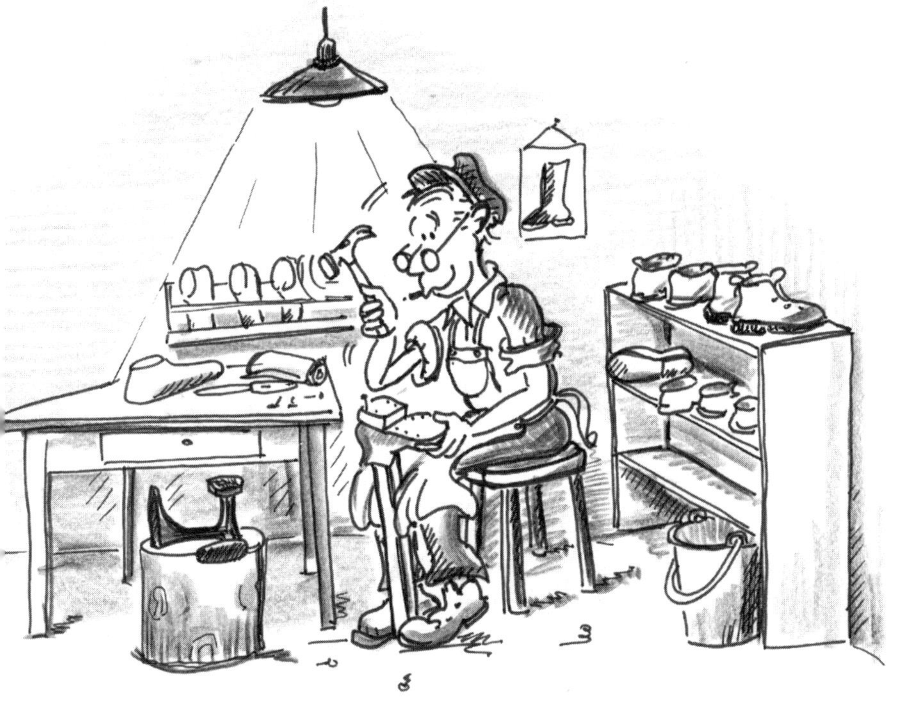

ein Dutzend alleine in Zürich aufsuchen, wenn ich denn auch so viele Schuhe zum Flicken hätte ... Quod erat demonstrandum, hat irgendwie nicht richtig funktioniert. Dafür wird sich Herr Cornelli – Gott hab ihn selig – über den doch noch eine Weile gesicherten Fortbestand seines Handwerks erfreuen!

VON ZIGIS UND VOM ZIGERSCHLITZ

Haben Sie das Fridolinsfeuer, das am Montagabend auf dem Zwingliplatz vor dem Grossmünster entzündet wurde, gesehen? Das «Fridlisfüür», so wie Glarner es nennen, gehört zu den vorchristlichen Frühlingsfeuern, die den Winter vertreiben sollen, und findet zum Gedenken an den Landespatron St. Fridolin jeweils am Abend des 6. März in zahlreichen Glarner Gemeinden statt. Im Prinzip ist es das Pendant zum Feuerbrauch am Zürcher Sechseläuten. Mit dem Fridlisfüür verbinde ich schöne, aber gleichzeitig auch recht verwirrende Kindheitserinnerungen: Zum einen schien es jedes Jahr weniger um den heiligen Fridolin zu gehen als vielmehr darum, die Gemeinde mit dem grössten Feuer zu sein. Dafür wurde im Dorf alles Brennbare gesammelt, zum Teil durch Schulkinder, die diese Arbeit in ihrer Freizeit verrichteten. Zum anderen durften alle Schulkinder an diesem Fest rauchen. Ja, Sie lesen richtig: rauchen, und zwar richtige Zigis.

Bevor Sie jetzt den Kopf schütteln und die Hände verwerfen: Die Glarner sind nicht die Einzigen, die diese Tradition kennen. Auch an der Appenzeller Viehschau rauchen Schulkinder, genauso wie am Bündner Chalandamarz oder aber auch am Zürcher Schulsilvester ... Als Mutter zweier Halbwüchsiger finde ich diesen Brauch heute alles andere als lustig, und selber würde ich unseren Jungs das Rauchen in einem solchen Rahmen niemals erlauben – Tradition hin oder her. Anderseits: Von den paar grusigen Mary Longs, die ich an den Fridlisfüür meiner Kindheit gepafft habe, habe ich auch keinen Schaden davongetragen. Chills, also.

ES IST IMMER ZU FRÜH

Man sagt, dass Kinder im Kindergartenalter damit anfangen, sich Gedanken über den Tod ihrer Eltern zu machen. Auch bei mir war das in diesem Alter der Fall. Gross war jeden Tag die Erleichterung, als ich um halb zwölf vom Chindsgi nach Hause gerannt kam, ins Haus stürmte und meine Mutter wie immer in der Küche am Herd stehend sah und kurz darauf mein Vater von der Arbeit zum Essen nach Hause kam. Damals hatte ich nur einen Wunsch an Gott: «Bitte, bitte, mach, dass sie nicht zu früh sterben, dass sie noch so lange leben, bis ich wenigstens achtzehn bin. Nachher schaffe ich es dann schon irgendwie alleine!» Ich wurde achtzehn, zwanzig und auch mehr, und meine Eltern waren gottlob immer noch gesund. Meine Verlustängste wurden aber nicht kleiner. Im Gegenteil. Die Beziehung zu ihnen wurde mit meinem Austritt aus der Adoleszenz von Jahr zu Jahr entspannter. Bei jedem meiner Lebensabschnitte waren sie dabei, immer haben sie mich begleitet, jeden Ausrutscher aufgefangen, jede erdenkliche Hilfe geboten und mir einfach nur immer Verständnis und Liebe entgegengebracht. Und nun wünschte ich mir: «Bitte, bitte, lass sie wenigstens noch so lange leben, bis ich eine eigene Familie habe. Dann bin ich sicher stark genug, um ihren Verlust zu verkraften!»

Ich habe tatsächlich auch meine eigene Familie gründen und das grosse Glück geniessen dürfen, meine Eltern auch in diesen Lebensabschnitt ganz intensiv miteinbeziehen zu können. Ich weiss, ich bin gesegnet, dass es so ist. Dass es bis vor ein paar Tagen so war. Bis mein Vater, der innigst geliebte Nonno unserer Buben, uns verlassen hat und mir klar wurde, dass ich auch mit bald fünfzig immer noch das kleine Mädchen von damals bin, das einfach nur Angst hatte, seine Eltern zu verlieren, und über all diese Jahre alles andere als stark genug dafür geworden ist.

VERZWEIFLUNG UND HOFFNUNG

Die überwältigenden Zeichen des Mitgefühls zum Verlust von Nonno haben uns durch die letzte Woche, in der wir tiefstes Leid erfahren und unsere Herzen so sehr geschmerzt haben, getragen.

Die herzliche Anteilnahme so vieler Menschen hat unsere Familie mit Dankbarkeit und Zuversicht erfüllt und uns die Kraft verliehen, das Durcheinander der Gefühle zwischen Tod und Leben, Trauer und Freude überhaupt zu verkraften. Wir sind in den letzten Tagen gemeinsam durch die dunkelsten Stunden gegangen und mussten dabei gleichzeitig auch Momente des Lichts bewältigen, die das weiterlaufende Familienleben mit sich bringt.

Zwischen Verzweiflung und Hoffnung haben wir in kürzester Zeit und ohne Verschnaufpause alle Facetten durchlebt, die es an Emotionen überhaupt gibt.

Wir haben Nonno bis zu seinem letzten Atemzug begleitet und mit dem Geburtstag des Grossen aber auch das Leben gefeiert. Wir haben mit verweinten Augen Trauerkarten geöffnet und gleichzeitig Geburtstagsgeschenke mit Liebe verpackt. Wir haben mit zugeschnürter Kehle Mahlzeiten stehengelassen und kurz darauf fein duftende Geburtstagskuchen gebacken. Wir haben verzweifelt Abschied genommen und später den Kleinen an seiner Erstkommunion hoffnungsvoll in die katholische Glaubensgemeinschaft aufgenommen. Wir haben traurig geweint, gebetet, und wir haben tröstlich gesungen und gelacht. Alles gleichzeitig.

Wir haben in zwei Parallelwelten gelebt, in einem physischen und psychischen Ausnahmezustand zwischen Verzweiflung und Hoffnung. Auch wenn wir am liebsten vor der Realität geflohen wären, sind wir jeden Tag aber immer wieder aufgestanden und haben uns dem Leben gestellt. Den Kindern zuliebe, unserem Nonno zuliebe, dem Leben und der Liebe zuliebe. Denn alles Leid und alle Freude kommt von der unendlich grossen Liebe, die wir für einen Menschen empfinden können.

DER NAME ALS PROGRAMM

Es heisst: «Nomen est omen». Diese lateinische Redensart drückt aus, dass der Name eine Person kennzeichnet. Freier übersetzt: Der Name ist Programm. Abstruse Beispiele dafür, was damit heutzutage gemeint ist, bekommt man derzeit bei Callcentern, die ihren Mitarbeitenden mit fremden Namen empfehlen, bei der Ausübung ihrer Arbeit einen Schweizer Namen zu verwenden. Weil: Ein fremder Name könnte von Schweizer Kunden als Zeichen empfunden werden, dass der Träger nicht vertrauenswürdig sei. In der Folge könne man nur mit einem Namen, der ins «Programm» passe, auch richtig erfolgreich fürs Unternehmen arbeiten. Ich kenne die Bürde eines fremden Namens bereits aus meiner Kindheit, obwohl es keinen schöneren Namen als «Angelone» geben kann. Wer sonst heisst schon «grosser Engel»? Aber was nützte mir dieser schöne Name, wenn ihn niemand auf Anhieb verstand? Wenn er mich sofort als «Ausländer», als «Tschingg» verriet? Wenn er auch später im Job so viele dazu animierte, mich in vereinfachtem Hochdeutsch dümmlich anzusprechen? Wie oft wünschte ich mir insgeheim, Hinz oder Kunz zu heissen. Aber niemals wäre es mir in den

Sinn gekommen, dass man mein «persönliches Seconda-Problem» als «grundsätzliches Unternehmensproblem» betrachten könnte, das die Erreichung der Unternehmensziele gefährdet. Niemals hätte ich es für möglich gehalten, dass man von aussen dazu angehalten werden könnte, seinen Namen zu ändern, um erfolgreicher zu arbeiten.

Würden Sie, liebe Leserinnen und Leser, meine Geschichten «anders» lesen, wenn ich Frau Engel hiesse? Würden Sie sich mir gegenüber verbundener fühlen? Mich sympathischer finden, ernster nehmen? Mir dann eher glauben oder gar mehr vertrauen?

IN GUTEN UND IN SCHLECHTEN ZEITEN

Es liegt mir fern, Italien zu verherrlichen. Doch in einem Punkt beeindruckt mich das Land, und zwar: wie die Menschen mit dem Kreislauf des Lebens umgehen. In all den Jahren, in denen wir unser zweites Heimatdorf ferienhalber besucht haben, wurden wir immer wieder Zeugen von Hochzeiten, Taufen und auch von Beerdigungen. An jedem Anlass nimmt das ganze Dorf teil. Wird geheiratet, versammeln sich alle vor der Kirche und feiern das Hochzeitspaar unter einem Regen von «confetti» – diese typisch italienischen, zuckersüssen Hochzeitsmandeln, die seit Generationen von Jung und Alt eifrig vom Boden geklaubt, gesammelt und genüsslich verspeist werden! Wird ein Kind geboren, zieren blaue oder rosarote Maschen den Hauseingang der jungen Familie, sodass jeder, der daran vorbeispaziert, sofort vom Wunder des Lebens erfährt. Stirbt ein Mensch, so ist auch das ganze Dorf betroffen. Im Süden Italiens sterben Menschen, wenn immer möglich, zu Hause, im Kreise der Familie und der Dorfgemeinschaft. Der Pfarrer ist anwesend und verkündet die traurige Nachricht sofort mittels Totenglocke dem ganzen Dorf.

Darauf werden auch die «manifesti» – diese grossen, schwarz umrandeten Plakate an Hauswänden – gedruckt und im ganzen Dorf verteilt. Innert kurzer Zeit wissen alle, dass einer von ihnen verstorben ist. Und so nimmt am nächsten Tag auch ein jeder, der es sich irgendwie einrichten kann, an der Beerdigung teil. Rund um die Kirche treten der Barista, der Metzger oder der Gemüsehändler auf die Schwelle ihrer Ladeneingänge, halten inne und zollen dem Verstorbenen Respekt. Wer kann, begleitet dann den Verstorbenen und dessen Angehörige auf dem Totenmarsch von der Kirche zum Friedhof. Jeder nimmt an allen Lebensetappen eines jeden im Dorf teil. Die ganze Dorfgemeinschaft geht durch Freud und Leid. Keiner schaut weg, sondern jeder geht aufeinander zu – in guten wie in schlechten Zeiten.

DIE BESTEN UFZGI EVER

Ich habe nicht schlecht gestaunt: Unser Grosser kam am letzten Schultag vor den Herbstferien nach Hause, packte seinen Rucksack aus, verstaute ihn in der hintersten Ecke seines Zimmers und legte zum Abschluss der Ferienstartprozedur noch ein vorne und hinten voll beschriebenes A4-Blatt auf den Tisch und sagte, das sei eine Liste von Hausaufgaben, die während der Herbstferien zu erledigen seien. Man hatte mich ja zur Genüge vorgewarnt, dass es in der 5. Klasse extrem anziehen würde. Auch kenne ich «Ferienhausaufgaben» von Italien, aber da machen sie auch Sinn, wenn die Schüler während dreier Monate Sommerferien nicht alles vergessen sollen. Ich mag mich auch erinnern, dass wir in der Kanti während der Ferien an Projekten oder Vorträgen arbeiteten. Aber ein Fünftklässer? Hier in der Schweiz? Dürfen Kinder nicht einmal mehr während der Ferien unbeschwert sein? All diese Fragen schossen mir durch den Kopf, noch bevor ich das Papier gelesen hatte. Doch was da auf zwei Seiten stand, war von solch einer entwaffnenden Vergnügtheit, dass ich – beschämt über meine bösen Gedanken – in schallendes Gelächter verfiel und tief berührt war von den Aufgaben, welche die Lehrerin ihren Schülern auferlegte. Die Liste enthielt lauter verrückte und lustige Dinge, die eben genau ein unbeschwertes Kinderleben ausmachen! Oder wann haben wir uns das letzte Mal im Kreis gedreht, bis uns schwindlig ist? Verkehrt herum gegessen und mit dem Dessert begonnen? Eine riesige Kaugummiblase gemacht? Gerülpst, so laut wir können? Wann sind wir letztmals heimlich so lange wie möglich wach geblieben? Oder im Versteckten extra früh aufgestanden, um den Sonnenaufgang zu sehen? Eben – als wir unbeschwerte Kinder waren!

DAS GRÖSSTE GESCHENK

Als ich mir letzte Woche Gedanken zum perfekten Weihnachtsgeschenk machte, sind Kindheitserinnerungen wach geworden, die mich traurig und glücklich zugleich gemacht haben. Und zwar erwähnte meine Mutter oft, dass sie sich damals als Frischverliebte von meinem Vater am liebsten schon auch Geschenke in Form von Blumen, Parfümen oder Schmuck gewünscht hätte – Dinge, die man sich als Frau eben so wünschte und die man vom Kino kannte oder von denen man von Freundinnen hörte. Romantische Geschenke eben, als Zeichen der Liebe.

Doch meine Mutter erhielt von meinem Vater nichts dergleichen. Aber nicht etwa, weil er sie nicht genug liebte, sondern weil er einfach eine ganz andere Vorstellung vom perfekten Liebesgeschenk hatte. Blumen, die verwelken, Parfüme, die verduften, oder Schmuck, der bei der damaligen Fabrikarbeit nur gestört hätte – solche Dinge erschienen ihm weder romantisch

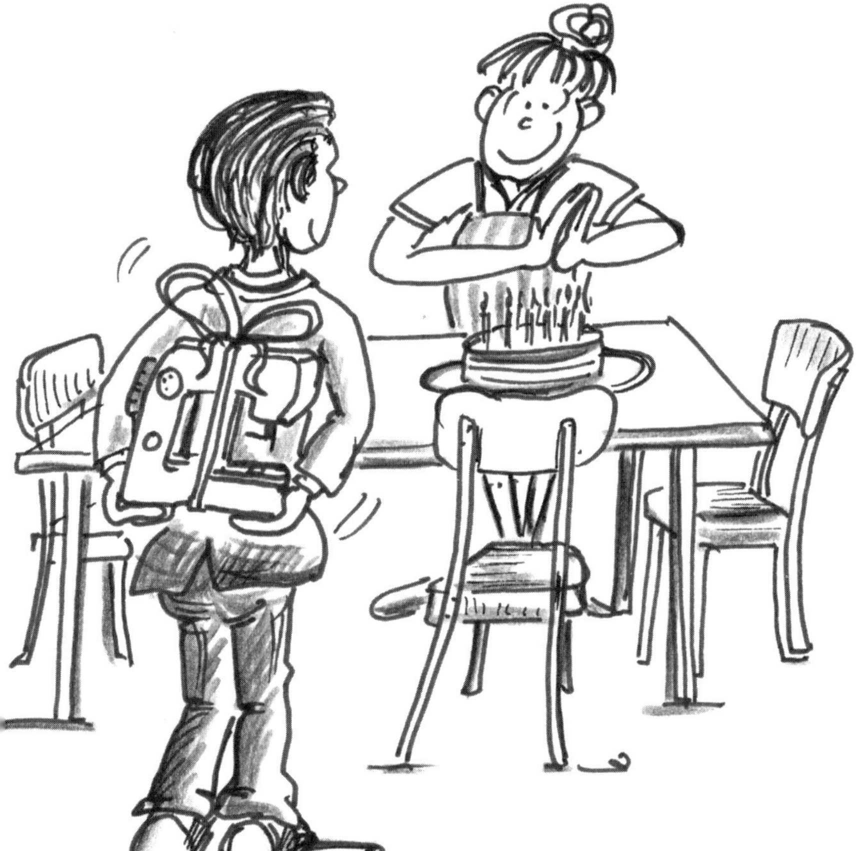

noch nutzbringend. Er, der während des Zweiten Weltkriegs in Süditalien aufwuchs und, kaum erwachsen, in die Schweiz emigrierte, bewertete das Leben, die Liebe und Geschenke eben anders.

Viel lieber schenkte mein Vater meiner Mutter ein winziges Transistorradio, damit Musik sie aufheitern konnte, wenn sie sich ein paar Tage lang nicht trafen. Oder er schenkte ihr ein Paar Winterstiefel, damit sie warmen Fusses durch den so noch nie gesehenen, meterhohen Glarner Schnee zur Arbeit stapfen konnte. Oder er schenkte ihr eine Nähmaschine, damit sie sich etwas Schönes nähen konnte. Was viele von uns heute als absolute «Liebestötergeschenke» betrachten würden, waren für ihn Stück für Stück die Bausteine für ein gemeinsames Leben in Liebe und einfachster Zufriedenheit. Mit seinen vielleicht unperfekten Geschenken schuf mein Vater die Basis für eine 51 Jahre lang funktionierende Ehe – das grösste und schönste Geschenk, das er meiner Mutter überhaupt hätte machen können!

STADT, LAND UND DIE WEITE WELT

FRIEREN ANNO DAZUMAL

Waren das kalte Skiferien dieses Jahr! Zumindest fanden das unsere Jungs. Da kann ich nur süffisant lächeln, denn Skifahren zu meinen Zeiten, DAS war noch viel kälter! Unsere Skibekleidung damals war nicht zu vergleichen mit dem Funktionsmaterial, das unseren Kindern heute zur Verfügung steht. Entweder hatten wir zum Vornherein zu kalt oder aber doch zu warm, was dazu führte, dass wir bald einmal ins Schwitzen kamen und darauf noch jämmerlicher froren. Stürzten wir – und das kam bei diesen langen Latten, die wir damals noch fuhren, sehr oft vor –, saugten sich unsere Skianzüge mit Schneewasser voll und trockneten für den Rest des Tages nicht mehr. Dasselbe galt für unsere Handschuhe. Damals hatten wir auch keine Helme, und wir waren sogar so einfältig, aus lauter Eitelkeit nicht einmal eine Kappe zu tragen. So richtig gefroren haben wir früher aber nicht. Zuletzt auch deshalb, weil wir an den Skitagen oftmals gar nicht wirklich zum Skifahren kamen. Bis nur schon die ganze Klasse mit den alten Zweiersesseli im Schneckentempo endlich vollständig und halb erfroren am Berg angekommen war, war es schon Mittag. Am Berg hiess es dann, stundenlang «Spitzcheeri» zu üben. Von rechts nach links und von links wieder nach rechts. Dazwischen hiess es warten, bis alle 25 Mitschüler(innen) so weit waren, und dann wurde das Rösslispiel gleich wiederholt. Während heute die Spitzkehre keine Bedeutung mehr hat, riskierten wir damals beim verkrampften Stehen am Hang einen himmeltraurigen Erfrierungstod. Das Frieren heute ist ein Klacks im Vergleich zum Frieren früher. Aber dafür war das Nach-Hause-Kommen umso schöner. Nichts vermittelte ein tieferes Gefühl von Geborgenheit, wie nach einem Skitag all die nassen, kalten Sachen abzulegen und in der warmen Stube an einem mit Honig gesüssten Kamillentee zu schlürfen, der uns doch noch vor der sicheren Angina zu bewahren vermochte.

UNGLAUBLICH, ABER WAHR

«Se non è vero, è ben trovato», sagt man dann, wenn das Gefühl entsteht, jemand erzähle nicht die Wahrheit oder verdrehe sie zumindest ein bisschen. «Wenn es nicht wahr ist, so ist es doch gut erfunden», meldeten mir ein paar Leser und Leserinnen nach meiner letztwöchigen Kolumne zum Thema «Frieren anno dazumal» zurück. «Witzig erzählt, aber wohl auch etwas übertrieben.» Übertrieben habe ich nur in einem Punkt, und zwar in Sachen warme Stube. Denn bei uns zu Hause, in diesem alten und einfachen Glarner Haus, war es nicht selbstverständlich, dass es warm war. Wir hatten nur einen Kachelofen, und der wärmte nur gerade die vier Räume, die sich unmittelbar darum herum befanden, konkret: Stube und Küche und zwei Schlafkammern im oberen Stock. Im Gang, im Bad, im Keller und überall sonst im Haus war es den ganzen Winter über kalt. Manchmal so kalt, dass sich Eiskristalle an den Fenstern bildeten. Entsprechend warm zogen wir uns zu Hause an und gingen mit Bettsocken und Bettflaschen ausstaffiert ins Bett. Manchmal waren es auch Chriesisäckli, die wir auf dem Kachelofen vorwärmten. Wehe, meine Eltern kamen mit dem Iifüürä aus dem Rhythmus – sei es, weil sie vielleicht frühmorgens vor der Arbeit keine Zeit mehr dazu fanden oder weil wir an einem Tag etwas länger als geplant ausser Haus waren –, dann erkaltete der Kachelofen und damit das ganze Haus. Es brauchte dann Stunden, bis es wieder einigermassen warm wurde. Den Fehler, über Weihnachten nach Italien zu fahren, haben wir deshalb auch nur einmal gemacht. Das Haus wieder auf eine normale Temperatur zu bringen, dauerte gefühlt bis in den Frühling hinein … Nein, Sie, ich habe letzte Woche weder gelogen noch übertrieben. Vielleicht haben Sie einfach nur vergessen, dass meine Erinnerungen nun auch schon ein halbes Jahrhundert zurückreichen. Und da war die Welt – und nun rede ich tatsächlich auch schon so – wirklich anders.

URBANES NATURPARADIES

«Wie könnt ihr nur in Zürich leben? Da hat es ja keine Berge, keine Natur, nur Autos und Beton, es ist grau und laut, und ständig passieren schlimme Sachen.» In der Tat: Im derzeit zugegebenermassen etwas grauen Zürich ist ständig etwas los! Vor allem nachts geht hier die Post ab, und jetzt im Winter wird noch klarer ersichtlich, dass rund um unser Haus mehr als nur der Bär tanzt, wenn wir schlafen! Das Familienoberhaupt sah sich sogar gezwungen, eine Kamera zu montieren, um unsere nächtlichen Besucher im Garten zu entlarven. Aufgrund der unzähligen Spuren im Schnee und des Lärms, die unsere unbekannten und unheimlichen Besucher nachts ständig verursachen, vermuteten wir in unserem Garten allerhand «Monster und Ungeheuer». Die Spurenverursacher und Krachmacher tappten dann auch schon bald in die Filmfalle und waren rasch enttarnt: Nebst herkömmlichen Hauskatzen und niedlichen Igeln werden wir jede Nacht tatsächlich auch von stattlichen Füchsen, Mardern, Dachsen und sogar Hasen heimgesucht und umzingelt! In Anbetracht der Tatsache, dass wir am Waldrand wohnen, ist diese Entdeckung natürlich alles andere als spektakulär. Ich wollte es einfach erwähnt haben, denn immerhin ist es beruhigend, zu wissen, dass die Welt in diesem «grossen, fürchterlichen und total verbauten» Zürich noch in Ordnung ist. Und erst recht die Natur, die hier bei uns in Albisrieden, am Fusse des immerhin 870 Meter hohen Uetlibergs, nicht näher sein und beeindruckender in Erscheinung treten könnte als mancherorts in meiner alten Heimat. Und jetzt, wo ich diese Zeilen schreibe, höre ich sogar noch einen Kauz in den Morgen rufen und gleichzeitig einen Specht emsig an einen Baum hämmern!

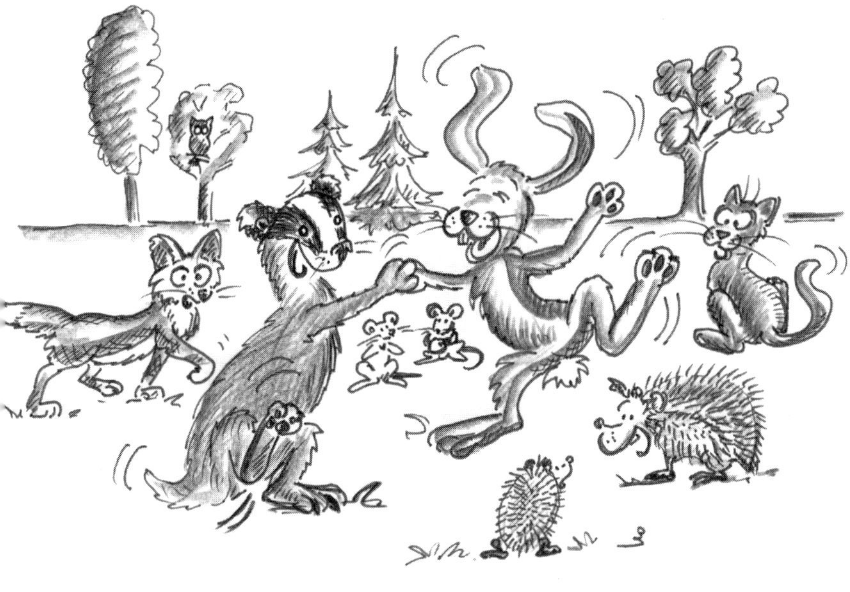

FAMILIENRITUAL TANZEN

Haben Sie die Tanzsendung «Darf ich bitten?» auch verfolgt? Ich habe mit den Kindern zwar nur das Finale geschaut, doch dies hat gereicht, um mir (erneut) aufzuzeigen, was das Tanzen Tolles bewirken, was es aus einem Menschen alles herausholen kann. «Der Tanz ist das stärkste Ausdrucksmittel der menschlichen Seele», sagte Schriftsteller Thomas Niederreuther, und ich erinnere mich an meine Kindheit, als mir meine Eltern in unserer winzig kleinen Stube das Tanzen lehrten. In Italien gehört das Tanzen zum Leben. Alle können tanzen, und alle tun es – überall und immer. Es gibt kein Dorffest ohne Tanz, es gibt kaum ein Wochenende ohne Tanzveranstaltung, und wenn doch, so wird zu Hause alles auf die Seite geräumt und auf engstem Raum getanzt. In Italien tanzt man, sobald Musik erklingt. Jeder tanzt mit jedem: Gross mit Klein, Jung mit Alt, und wenn – wie so oft – Frauen in der Überzahl sind, so tanzen eben Frauen mit Frauen. Mit den «balli di gruppo» kennen Italiener zudem die schönste Art, auch alleine zu tanzen! Das Tanzenlernen wird in der italienischen Kultur nicht etwa als musikalische Früherziehung betrachtet. Nein, es ist ein uraltes, wichtiges Familienritual. Das Tanzen mit meinen Eltern hat eine besondere Bindung zwischen uns geschaffen. Neben der Lust an der Bewegung und der Freude am Tanzen habe ich gelernt, meine Gefühle auszudrücken und sie mit meinen Eltern zu teilen. Durch das Tanzen lernt man auch den Umgang mit anderen Menschen und baut Berührungsängste ab. Gemeinsames, ineinandergreifendes Handeln im Tanz fördert das gegenseitige Vertrauen und die soziale Kompetenz. «Würden wir mehr tanzen, die Welt wäre eine andere!», sagte Komponist Andreas Nick. In diesem Sinne: Darf ich bitten? Wann haben Sie das letzte Mal getanzt? Vielleicht sogar mit Ihrem Kind?

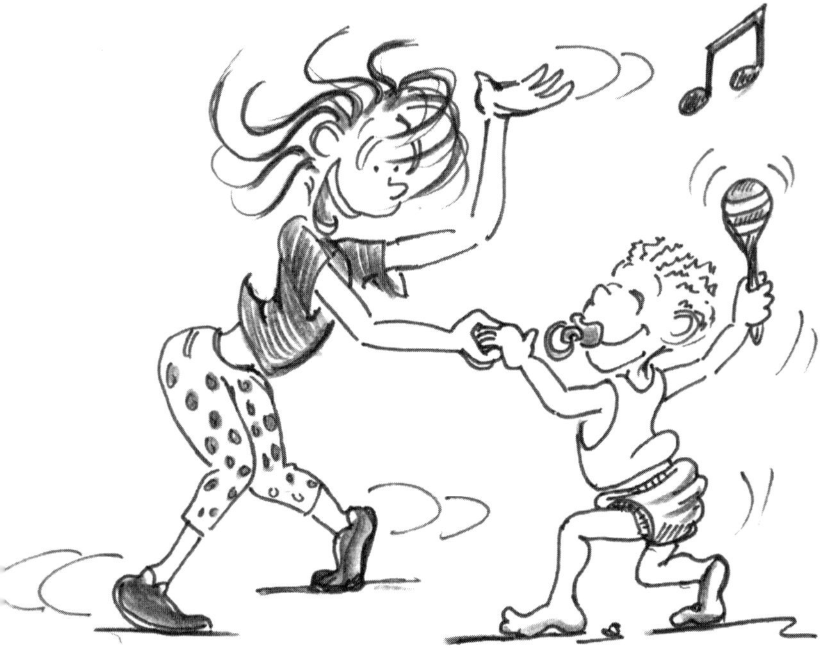

IL POSTINO

Seit einigen Tagen lebe ich in der Vergangenheit. Auf der Baustelle vor unserem Haus wurde nämlich ein Kran aufgestellt, dessen Hiev-Geräusche mich an das Wägeli unseres Pöstlers in Schwanden erinnern. «Elefäntli» sagte man dem elektrischen Wagen, den der Pöstler durchs Dorf zog und mit welchem er täglich Briefe und Pakete verteilte – ja, damals machte er noch beides.

Ich habe dieses Wägeli mit dem schönen «PTT-Schild» in bester Erinnerung. Jedes Mal, wenn ich dieser Tage dieses ziehende Geräusch des Krans höre, zucke ich euphorisiert zusammen, und ich höre meine Mutter rufen: «Arriva il postino!» – der Pöstler kommt. Diesen Satz rief sie immer aus der Küche, wenn der Pöstler pünktlich um halb zehn um die Kurve gelaufen kam, sein Elefäntli am Rüssel hinter sich ziehend, und beim Anfahren nach jedem Halt vor einem Haus an unserer Strasse ebendieses Geräusch machte!

Dieses bekannte Geräusch zusammen mit dem Ausruf meiner Mutter weckte in mir immer eine unglaubliche Vorfreude, verbunden mit einer riesigen Neugier auf die Neuigkeiten, die der Pöstler bringen würde. Alles liess meine Mutter liegen, egal, woran sie gerade war, um dem Pöstler die Briefe persönlich und direkt grad vor der Haustür abzunehmen. Anschliessend setzte sie sich an den Küchentisch, öffnete die handgeschriebenen Briefe und las vor, was ihre Schwestern, ihre Brüder oder die Familie meines Vaters über ihre Leben in Italien, Spanien oder gar Amerika schrieben. In diesen Augenblicken blieb die Welt in unserem Haus in Schwanden für einen Moment einfach stehen, während ich das ziehende Geräusch des Postwagens die Thonerstrasse hinunter noch lange hören konnte.

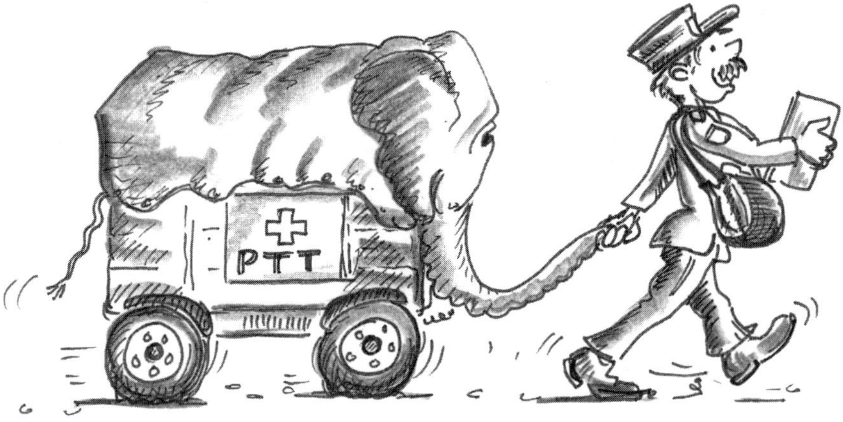
PTT

DIE SOMMERZEITKRISE

«Kinder! Es ist halb neun! Zeit, um langsam ins Bett zu gehen!» – «Mamma! Es ist viel zu früh! Es ist noch hell draussen!» Da haben wir sie wieder: Diese ewigen Diskussionen, die wir während der nächsten sechs Monate in einer Endlosschlaufe führen werden. Wie ich diese unsägliche Sommerzeit hasse! Dabei liebte ich sie früher so sehr, bot sie mir doch die Gelegenheit, nach getaner Arbeit gefühlte unendlich lange Feierabende draussen in der Stadt zu geniessen. Aber eben, «früher», da hatte ich ja auch noch keine Kinder. Erst mit ihnen begann diese Aversion und wuchs parallel zum Alter der Kinder zu einem regelrechten Hass. Als die Kinder noch klein waren, stellte das Berechnen der neuen Zubettgehzeiten und die bereits ein paar Tage vor der Umstellung in kleinen Schritten herbeigeführte «Ummanipulation» auf den verschobenen Tagesablauf zwar jedes Mal ein Kümmernis dar, aber immerhin ein nur zeitlich beschränktes. Als die Kinder grösser wurden, fiel die eigentliche Umstellung zwar etwas einfacher aus, dafür wurde das «Sommer-ADHS» deutlich spürbarer. Dieser Overkill an Sonnenlicht während der Sommerzeit lässt die Kinder vor Energie strotzen und schier durchdrehen. Vordergründig verspüren sie keine Müdigkeit, wollen nie ins Bett, sind aber trotzdem ein halbes Jahr lang ständig übermüdet und dementsprechend mies drauf. Und nun, da sie beide schon so wahnsinnig gross sind und sich nichts mehr sagen lassen wollen, fällt nicht nur alles zusammen, sondern wird mit diesen allabendlichen nervigen Diskussionen getoppt, die sich in meinem genauso übermüdeten Kopf einzubrennen drohen. Vielleicht bin ich eine ganz Komische oder einfach schon so eine «griesgrämige Alte, die mit allem ein Problem hat» – aber bin ich wirklich die Einzige, die findet, dass die Sommerzeit wieder abgeschafft gehört?

Aufreibender Brüderzwist

In all diesen Jahren habe ich eins gelernt: Das Familienleben besteht aus lauter Phasen – also aus verschiedenen Zeitabschnitten mit je einem Anfang und einem Ende. Die schwirigen ersten Babymonate waren eine Phase, so wie die anschliessenden herausfordernden Ernährungs- und Schlafumstellungen. Das darauffolgende schmerzhafte Zahnen war auch eine Phase, genauso wie das einsetzende Trotzen und Bocken. Dann kam die Warum-Phase, und schon bald steht bei uns nun die Pubertätsphase an. Jeder Phase gleich ist die Tatsache, dass sie irgendwann einmal anfängt und irgendwann einmal wieder vorbeigeht. Nur eine Phase scheint bei uns zum Perpetuum mobile des Familienlebens geworden zu sein: die Phase des Gezänks zwischen den Buben.

Als ich mich kürzlich zum wiederholten Mal über den ständigen und höchst aufreibenden Brüderzwist beklagte, sagte mir jemand, dass der Streit und die daraus resultierende Konkurrenz zwischen Brüdern durchaus auch ihre positiven Aspekte hätten. Ob ich denn diese englischen Geniebrüder nicht kennen würde, die – aus lauter gegenseitigem Ansporn – sage und schreibe zwanzig Sprachen sprechen? Wow, cool, dachte ich mir. Die haben ihre Brüderlichkeit voll in eine Stärke umgemünzt. Was für liebe und vor allem clevere Brüder die beiden doch sind. Nur blöd, dass meine Jungs ihre ganze «kreative Energie» leider lieber damit verschwenden, einander ständig eins über die Rübe zu ziehen, wenn ich wegschaue. Und wenn sie sich für das Erlernen einer Sprache begeistern könnten, so wäre es wohl die der Fäuste. Die Antwort meines Gesprächspartners auf meine Einwände war zwar ein schwacher Trost, aber in der entstandenen blamablen Situation immerhin einer: «Oh, verzweifeln Sie nicht, denken Sie doch an die Klitschko-Brüder!»

C'EST QUOI, ÇA?

Beim Thema Französisch scheiden sich die Geister. Selber habe ich erst im Gymi mit «Franz» angefangen, und es war früh genug, um es sehr gut lernen zu können. Dennoch habe ich nichts dagegen, wenn Kinder heute schon in der Primarschule Fremdsprachen lernen müssen beziehungsweise dürfen, denn ich sehe dies als Chance.

Auch finde ich es richtig, Vokabeln zu büffeln. Doch wenn das «vocabulaire» in einen an den Haaren herbeigeführten Kontext gestellt wird, so wundert es mich nicht, wenn es auch beim x-ten Lernversuch «partout» nicht sitzen will. Weil da null Praxistransfer möglich ist – und das wäre das A und O für ein wirksames und nachhaltiges Lernen.

Das Lehrmittel schimpft sich «wirklichkeitsnah konzipiert» und «mit authentischem Input verknüpft». Ich allerdings frage mich, wie man sich bitte Gemüse- und Fruchtsorten auf Französisch merken soll, wenn man diese nicht im Zusammenhang mit einem hundskommunen Einkauf auf einem «marché de fruits et légumes en Provence» lernen darf, sondern in Verbindung mit dem Erstellen von sophisticated Esskreationen wie «un hérisson avec un corps de raisins et deux groseilles rouges pour les yeux» (ein Trauben-Igel mit Johannisbeer-Augen) oder ein «souris de poire avec des oreilles des feuilles d'ananas» (eine Birnen-Maus mit Ananasblatt-Ohren)!

Ich weiss schon, dass die Franzosen Haute-Cuisine-Virtuosen sind, aber fertigen sie wirklich täglich so viel unnützes Zeugs aus Gemüse und Früchten an, dass Primarschüler als wirklichkeitsnahes und authentisches Lernziel Kreationen aus Esswaren beschreiben können müssen? Müssen sich Kinder, wenn sie dann mal nach Frankreich zum Sprachaufenthalt gehen, wirklich über solche Themen mit der «famille d'accueil» oder mit ihren «copains» unterhalten können? «Excusez-moi» – nur logisch, dass sie auch heute (moderne Lehrmittel hin oder her) immer noch nicht auf «Franz» stehen.

LASST KINDER KINDER SEIN

In Sachen Geburtstagspartys lockt man heute anscheinend keine Kinder mehr aus der Reserve, wenn man als Eltern nicht etwas Krasses organisiert. Ich bin anderer Meinung. Selber feierte ich als Kind meinen Geburtstag mittwochnachmittags zu Hause mit einer Handvoll Gspänli bei etwas Kuchen und Sirup und ein paar Runden Schoggispiel. Die Feste fanden bei allen Kindern so statt, ohne Firlefanz. Sie dauerten zwei, drei Stunden, und das reichte.

Heute glauben viele Eltern, den Kindern «mehr» bieten zu müssen. Einfache Wald- oder Sportnachmittage, wie wir sie mit unseren Jungs bisher organisiert haben, erscheinen auf den ersten Blick nicht so sexy wie von A bis Z durchorganisierte Special-Events, die schon fast erwachsenentauglich sind. Am beliebtesten sind derzeit Übernachtungspartys – durchzockte Freinächte inklusive.

Wie erstaunt (oder eben nicht!) war ich, als wir dieses Wochenende die beiden Geburtstage unserer Jungs zusammenlegten und sie neu nur noch mit je einem Freund auf unsere typische Angelone-Art gefeiert haben: einfach, bei viel Bewegung, Spiel und Spass sowie Übernachtung (ja, das war ein Entgegenkommen) draussen in der Natur. Ganz ohne Fernsehen, Gamen und sonstigem Brimborium drumherum.

Zu sehen, wie auch «grosse» Kinder – wenn sie den Raum dazu erhalten – einfach spielen, rumrennen, Holz sammeln, schnitzen, Feuer machen, stundenlang jassen und mit einem «unschuldigen» Drei-Fragezeichen-Hörspiel zufrieden und sogar früh einschlafen, war für mich Beweis genug: Wir Eltern haben Einfluss auf die Dauer ihrer Kindheit, wir Eltern können den Unterschied machen. Wir müssen nur Möglichkeiten schaffen für die einfachen Dinge, die ein Kinderleben ausmachen. Und dazu gehören noch viele möglichst einfach gefeierte Kindergeburtstage.

DIE ANGELONES GO WEST

Wer hätte das gedacht? Die Angelones, die sich in den letzten zwölf Jahren gefühlt nur gerade rund ums Haus bewegt haben und deren Jungs noch nie in ein Flugzeug gestiegen sind, erweitern ihren Bewegungsradius und reisen diesen Sommer sage und schreibe für fünf Wochen nach Amerika! Sie lesen korrekt, wir verreisen diesen Sommer erstmals als Familie so richtig lange und richtig weit weg. Wieso wir das machen? Wir, die bis jetzt nur nach Italien gefahren sind und wenn es hoch kam nach Österreich oder Deutschland? Wir, die in diesen Familienjahren vor allem das Schöne in unseren beiden Heimatländern zu schätzen gelernt haben und deshalb nicht mehr wirklich ein Bedürfnis hatten, weit weg zu verreisen? Wir machen es jedenfalls nicht deshalb, weil uns unsere Jungs seit Jahren in den Ohren liegen, weil sie auch mal mit dem Flieger verreisen wollen, denn sie seien nun definitiv die Hinterstletzten, die noch nie einen Flieger von innen gesehen hätten. Nein, wir haben es so entschieden, weil das Leben in den letzten beiden Jahren sehr viel von uns abverlangt hat. Dieses Leben, das so kurz und im Grunde genommen so sinnlos ist, dass einem nur bleibt, es möglichst in vollen Zügen zu geniessen, um ihm damit ein Schnippchen zu schlagen und dessen unfaire Pläne zu durch-

WAS WIR IN DEN USA ALLES ERLEBT HABEN, SEHEN SIE HIER:

kreuzen. Ein Tapetenwechsel musste ganz dringend her, und zwar ein richtiger.

Noch ist es aber nicht so weit, Sie lesen von mir nächste Woche ein letztes Mal vor der grossen Reise. Ich wollte Sie nur früh genug informieren, damit Sie – zumindest virtuell – Ihre Koffer auch gleich packen können, um mit uns zu verreisen. ...

ALLE WILLKOMMEN!

Seit letztem Freitag sind wir gesund und munter von unserer grossen USA-Reise zurück! Noch nie waren wir so lange und so weit weg. Die unzähligen Eindrücke, Erfahrungen und Emotionen auf dieser Reise und nicht zuletzt die Zeitverschiebungen «arbeiten» immer noch emsig in uns. Es kommt uns vor, als seien unsere Körper zwar wieder einigermassen zu Hause angekommen, doch unsere Köpfe und unsere Herzen irgendwo in der Ferne zurückgeblieben. Es wird wohl noch einige Zeit brauchen, bis wir alle Erlebnisse verarbeitet haben werden. Von New York City über San Francisco bis hin zu Las Vegas und Los Angeles haben wir so ziemlich alles gesehen, was westliche Megacitys zu bieten haben. Im krassen Gegensatz dazu haben wir weite Teile der schier grenzenlosen, unwirtlichen und fast unbewohnten Mojave-Wüste durchquert, die so viele verblüffende Naturwunder birgt. Wir haben auf dieser Reise Adjektive wie «hoch», «gross» oder «weit» vollkommen neu kalibrieren müssen, nicht nur in Bezug auf Gebäude oder Strecken, sondern auch im Zusammenhang mit alltäglichen Dingen. Fünf Wochen lang haben wir in der Steigerungsform gelebt: eiskalte Klimaanlagen, riesige Essportionen, überdimensionierte Autos und Superlativ-bespickte Konversationen. Was uns vom ersten Tag an ebenfalls aufgefallen ist und beeindruckt hat: die grundsätzliche Offenheit, Freundlichkeit und Zuvorkommenheit der Amerikaner gegenüber Menschen, egal welcher Herkunft, egal welchen

Genders. So hat uns gleich am Flughafen in New York City ein Plakat der örtlichen Tourismusinstitution mit folgendem Slogan begrüsst: «Some are born, some are made, all are welcome!» Oder in San Francisco stand auf dem Plakat des Bay-Area-Zugs: «On this train everyone is welcome!» Solche Botschaften würden sich auch in Zürich gut machen, oder? Was meinen Sie?

AUF TRINK-TOUR

Was vermissen Sie, wenn Sie in die Ferien gehen? Ist es – wie viele Schweizer sagen – unser schmackhaftes Schweizer Brot? Unsere wunderschönen Schweizer Berge? Ein Stück feinster Schweizer Schokolade? Oder unsere frische Schweizer Luft? Meine Familie gehört zu der Sorte, die im Ausland nicht sofort etwas Schweizerisches vermisst. Schliesslich verlassen wir unsere vertraute Umgebung, weil wir gerne Neues entdecken. Doch wir geben zu: Nach mehreren Wochen unterwegs in den USA haben auch wir gemerkt, dass schon etwas fehlt, wenn man meilenweit durch Wüstenlandschaften fährt und nirgends ein Berg zu sehen ist. Oder dass ein einfaches Schoggi-Gipfeli vom Quartierbeck eben schon auch fein sein und es dieses auf jeden Fall mit amerikanischen Pancake-Türmen aufnehmen kann. Doch was wir in den Wochen durch Amerika wirklich fest vermisst haben, ist Trinkwasser, das in Amerika nicht – wie hier bei uns – überall zu haben ist. Erst wenn man sich auf Schritt und Tritt überlegen muss, wie viel Trinkwasser man noch dabeihat und wo man die nächste Wasserflasche kaufen kann und dafür zum Teil mehrere Dollar bezahlen muss, wird einem definitiv klar, dass die Trinkwassersituation in der Schweiz ein unglaublicher Luxus ist. In Zürich fliesst nicht nur aus sämtlichen Wasserhähnen jederzeit ausreichend Wasser, sondern sogar aus über 1200 städtischen Brunnen, die enorm viel zur Lebensqualität in unserer Stadt beitragen! Als ich mich letzte Woche nach meinem

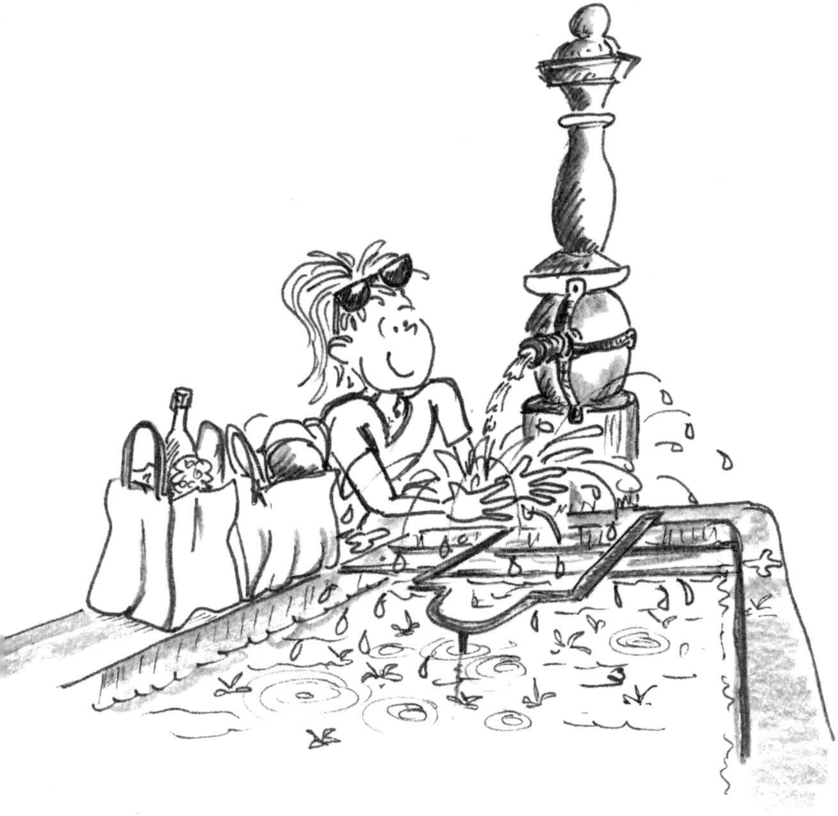

ersten grossen Einkauf nach unserer Rückkehr bei hoher Hitze und mit Einkaufstaschen schwerst beladen die Albisriederstrasse hinaufquälte, habe ich spontan einen Trinkhalt an unserem Brunnen beim Untervogthaus gemacht. Ich sage Ihnen, ich fühlte mich wie im Garten Eden und so privilegiert wie kaum zuvor! Übrigens, diesen Brunnen finden Sie im Zürcher Brunnenguide. Nr. 416. Ecke Albisriederstrasse/Altstetterstrasse. Nur für den Fall, dass Sie auch einmal eine Trink-Tour durch Zürich machen wollen!

«Z RITA»

Es gibt ein paar brisante Themen, über die ich schon lange schreiben möchte. Doch weil mich jeweils die Tagesaktualität einholt, lege ich sie dann doch immer wieder zur Seite. Ein solches «heisses Eisen» beschäftigt mich nun aber seit einigen Monaten. Höchste Zeit, darüber zu schreiben.

Letzten März stand im Mamablog des «Tages-Anzeigers», dass eine Mutter «das Mami» zu nennen, einer Sterilisation der Frau gleichkomme. Zumindest sprachlich. Durch das Verwenden des sachlichen Artikels «das» erfahre die Frau eine Geschlechtsumwandlung. Jedenfalls auf grammatikalischer Ebene. Verbal versächlicht und verniedlicht werde die Frau dadurch. Klar handle es sich dabei nur um eine sprachliche Konvention, so die Verfasserin des Beitrags. Aber die Sprache beeinflusse doch auch unser Denken. Was soll denn «das Mami» über das hierzulande vorherrschende Mutterbild aussagen? Schwinge da nicht ein Teilverlust der eigenen Identität mit, ein gar umfassender Verzicht auf Autonomie und Autorität?

Meine Güte, sehen wir jetzt sogar in einem so kleinen Wörtli wie einem Das ein Hindernis für die totale Emanzipation von Frauen? Was für ein unemanzipiertes, sterilisiertes, schwaches Neutrum müsste ich denn sein, wenn ich als Glarnerin zeitlebens «z Rita» genannt wurde? Anders als die Autorin des Textes bekomme ich keine «stressbedingten Gebärmutterkontraktionen», wenn ich öffentlich zum Rita gemacht werde. Genauso wenig wie «z Vreni» und «z Brigä» und viele andere Glarnerinnen auch. Im Gegenteil: Ich betrachte diese Anredeform als eine kulturelle Besonderheit innerhalb der Vielfalt der Schweizer Dialekte, die ich hier in Zürich sogar vermisse, wenn man mich «d Rita» nennt. Der (Schweizer!) Autorin ist diese Besonderheit wohl unbekannt. Natürlich ist es nicht irrelevant, wie wir uns ausdrücken. Doch daraus wieder eines dieser an den Haaren herbeigezogenen Frauenthemen zu machen, das hingegen verursacht dann bei mir gewisse Kontraktionen.

BOOMERANG

«Informatik und Medien» heisst das Fach im Lehrplan 21, das auch unser Kleiner in der 5. Klasse hat. Das Ziel: Medien verstehen und verantwortungsvoll nutzen. Das Coolste aus Schülersicht: Alle haben nun ein eigenes Tablet. Die Kinder sollen ja lernen, die Neuen Medien zu nutzen, insbesondere für ein effektives Lernen. Dass sie die Tablets zu Hause aber auch für anderes einsetzen könnten, ist dann Sache der Eltern. Als wäre es vorher nicht schon herausfordernd genug gewesen, den Medienkonsum von Kindern auf ein Minimum zu reduzieren, kommt jetzt erschwerend dazu, dass sie nun eine «offizielle Lizenz» haben.

Umso mehr habe ich mich gefreut, als unser Kleiner kürzlich ein Medientagebuch führen musste. Darin hielt er akribisch fest, an welchen Tagen er welche Medien wie lange konsumiert hatte. «Super machen die das in diesem Fach», dachte ich, «so wird ihm von offizieller Seite klargemacht, wie viele Stunden er vor dem Fernseher und dem Computer verbringt. Rechne ich es ihm vor, glaubt er es eh nicht.» Und tatsächlich: Im Medientagebuch kamen – auch zum Erstaunen des Kleinen – ganz schön viele Stunden zusammen. Zu seiner Verteidigung sei allerdings gesagt, dass zum Medienkonsum auch Bücherlesen und Musikhören zählen. Trotzdem: Kommt an einem neblig-kalten Sonntag fast ein ganzer «Arbeitstag» Mediennutzung zusammen, selbst mit Büchern und Musik, dann ist das bedenklich, sagte ich mir.

Noch bevor ich den Gedanken zu Ende denken konnte, wurde ich von einer neuen Funktion auf meinem Handy überrascht, die mir nun wöchentlich meine Bildschirmzeit grafisch dargestellt vor Augen führt. Sch...! Innerhalb einer Woche soll ich sage und schreibe einen ganzen «Arbeitstag» lang auf mein Handy geschaut haben? Auch wenn ich mein Bloggen als Rechtfertigung heranziehen kann, ist das mindestens so bedenklich wie bei unserem Kleinen. Ich glaube, ich muss zuerst vor meiner eigenen Tür kehren. Fortsetzung folgt.

WEG MIT DER «SUPER MOM»

Fast täglich stosse ich auf den Begriff «Super Mom». Doch was genau bedeutet er? Ich wollte es wissen und habe recherchiert. Leider habe ich keine deutsche Definition gefunden, dafür aber interessante Beschreibungen in Englisch. Das erstaunt nicht, denn woher sonst stammt «Super Mom», wenn nicht aus dem Land der unbegrenzten Möglichkeiten? Unbegrenzt sind nämlich – gemäss Definition – auch die Fähigkeiten einer Super Mom: Sie ist eine exemplarische Mutter, die die traditionellen Haushaltspflichten und Erziehungsaufgaben erfüllt, während sie auch einen Vollzeitjob ausübt! Unglaublich, oder? Oder besser gesagt: U-N-M-Ö-G-L-I-C-H!

Dass diese Definition, die erstmals 1974 verwendet worden sein soll, so surreal wirkt, ja, gar wirklichkeitsfremd ist, hat wohl damit zu tun, dass sie vom Begriff des «Super Hero» abgeleitet wurde. Auch diesen Begriff habe ich recherchiert und Folgendes gefunden: Ein Super Hero ist eine fiktive Figur, die übermenschliche Fähigkeiten besitzt. Na also, klarer kann man es nicht ausdrücken: Super Heroes gibt es nicht, genauso wenig wie übermenschliche Fähigkeiten. Folglich kann es auch keine Super Moms geben, und drum gehört der Begriff abgeschafft. Nur weil es diesen Begriff gibt, zermartern wir Mütter uns den Kopf und fragen uns, ob wir dessen wahnwitzige Definition erfüllen können. Beim Versuch, die Kriterien einer Super Mom zu erfüllen, werden wir nur unzufrieden, unsicher und stutenbissig. Der Begriff der Super Mom schürt Neid und Missgunst und ruft zum Konkurrenzkampf unter uns Müttern auf. Gäbe es diesen Begriff nicht, wären wir Mütter entspannter – mit einer viel grösseren Bereitschaft, aufeinander zuzugehen, einander in unserer Verschiedenartigkeit zu respektieren, einander zu unterstützen und, vor allem auch, voneinander zu lernen! So wie der Begriff 1974 eingeführt wurde, so sollten wir ihn 2018 wieder aus der Welt schaffen.

WORTE UND TATEN

«Mamma, gehen wir am Samstag an die Klimademo?», fragte unser Grosser letzten Freitag. Als ich verneinte, weil wir bereits andere Pläne hatten, wurde er aufmüpfig und fand, dass wir die Einzigen seien, die nicht mitmachen würden.

An Wortgefechte mit einem ungestümen Zwölfjährigen bin ich gewöhnt. Manchmal gelingt es mir, solche verbalen Angriffe, die nur auf Provokation aus sind, an mir abprallen zu lassen. Doch diese mitschwingende Anklage, wir Erwachsene seien daran schuld, dass die Erde so schlimm dran sei und unsere Familie nichts für den Klimaschutz tue, wollte ich nicht im Raum stehen lassen. So entbrannte eine zuerst hitzige, doch nachher konstruktive Diskussion über alle kleineren und grösseren Massnahmen, die wir als Familie schon lange umsetzen, sowie über alle weiteren Möglichkeiten, die wir haben, gemeinsam als Familie etwas für den Klimaschutz zu tun. Täglich. Im Kleinen. Und ohne grosses Aufheben.

Ob er vielleicht gerade deshalb nicht realisiert habe, was wir seit Jahren tun? Dass es uns Eltern das grösste Anliegen sei, ihm eine möglichst sichere und gesunde Welt zu übergeben, ohne noch schlimmere Altlasten? Dass wir die Aktionen, die Greta und die demonstrierenden Schüler in Zürich und der ganzen Welt lanciert haben, als enorm wichtig erachten? Und dass wir als Familie daran ansetzen und mit einer gemeinsamen Verhaltensänderung eine nachhaltige Bewegung in Gang setzen können?

HIER EINE DIY-IDEE FÜR EIN UMWELTFREUNDLICHES BIENENWACHSTUCH:

«Siehst du, deshalb fahren wir nächste Woche erstmals mit dem Zug nach Braunwald in die Skiferien», sagte ich abschliessend zum Grossen. «Was? Ohne Auto?», fragte er total überrascht. «Müssen wir uns dann mit der Skiausrüstung und dem ganzen Gepäck zum Bahnhof schleppen?»

Ja, junger Mann. Wer die Welt retten will, nimmt nicht nur an Demonstrationen teil, sondern ist bereit, im Alltag die Komfortzone zu verlassen. Wir Eltern gehen dir – einmal mehr – sehr gerne mit gutem Beispiel voran.

KLIMASCHUTZ IM KLEINEN

Nun: Wir sind vor zwei Wochen tatsächlich erstmals mit dem Zug nach Braunwald in die Skiferien gefahren. Heja, wenn wir als Eltern eines Jungen im Sturm-und-Drang-Alter schon bezichtigt werden, schuld an dieser Klimamisere zu sein und nichts für den Klimaschutz zu tun, wollten wir mit diesem Entscheid ein Zeichen setzen.

Vermutlich hat es das ganze Quartier mitbekommen, als wir uns am Abreisetag mit den Ski auf dem Buckel unter lautem Gemaule der Jungs zur Tramhaltestelle geschleppt haben. Ziemlich verständlich allerdings, denn das Verlassen der Komfortzone hat auch uns Eltern Überwindung gekostet. Das Beibehalten von Gewohnheiten – sprich: einfach ins Auto zu sitzen – wäre so verlockend gewesen …

Doch unser Sondereffort hat sich gelohnt: Kaum sassen wir im Zug, waren alle Unannehmlichkeiten vergessen. Ausserdem waren wir noch nie so schnell von unserer Haustür direkt auf der Skipiste – und dies im Wissen, dass am Abend sowohl unser ganzes Gepäck als auch der vorbestellte Wocheneinkauf bereits vor unserer Ferienwohnung auf uns warten würde. Dank der cleveren und bequemen Organisation von Reise, Gepäcktransport und Lebensmitteleinkauf vor Ort haben wir sowohl den Anreise- als auch den Abreisetag voll und ganz auf der Skipiste verbringen und dadurch die Skiferien um ganze zwei Tage verlängern können!

Das hat unsere Jungs endgültig von der Richtigkeit unseres vermeintlich ungemütlichen Entscheids überzeugt und auch dazu motiviert, sich nun mit uns zusammen Gedanken zu machen, wie wir unsere Sommerferien in England möglichst umweltgerecht angehen können. Ganz ohne Flugzeug versteht sich. Seien Sie also gespannt auf unser nächstes, anfänglich vielleicht wieder explosives, aber letztendlich sicher zusammenschweissendes und hoffentlich richtungsweisendes familieninternes Klimaschutzprojekt!

Auto-Liebe rostet doch

«Macht doch kein solches Aufheben – das ist jetzt wirklich kein Big Deal, dass ihr mit dem Zug in die Ferien gefahren seid!» So und ähnlich erreichten uns ein paar Rückmeldungen auf unsere letzte Kolumne. Natürlich ist es kein grosser Schritt für die Menschheit, dass wir das Auto zu Hause stehen gelassen haben. Doch für unsere Familie war es eine rechte Umstellung. Vor allem für mich.

Meine Autoliebe stammt aus meiner Zeit im Glarnerland. Eine Zeit, in der ein Zug pro Stunde durch das Tal fuhr. Im Winter blieb sogar dieser manchmal im Schnee stecken und fuhr dann verspätet oder gar nicht. Busse gab es keine. Das Zugfahren zwischen Schwanden und der Kanti in Glarus war ein täglicher Stress: Morgens kamen wir vom Hinterland stets so knapp am Hauptort an, dass wir wie blöd zur Schule rennen mussten, um nicht zu spät zu kommen und einen Eintrag im Klassenbuch zu kassieren. Abends liessen uns die Lehrer genau diese paar Minuten zu spät gehen, die uns den Zug nach Hause verpassen liessen. Dann galt es, eine ganze Stunde am Bahnhof zu verharren. Im Winter reichte der Platz im rauchfreien Wartesaal nicht aus, sodass wir die Hausaufgaben halt im Raucherteil zu erledigen begannen. Nach einem anstrengenden Schultag kam es schon drauf an, ob man wegen dieses einen Zugs, dem man immer hinterherrennen musste, schon um fünf oder aber erst um sechs zu Hause ankam, Raucherlunge inklusive.

Nur verständlich, dass wir als Teenies früh von einem Auto träumten, oder? Jeder, der achtzehn wurde, wollte damals nur eines: den Permiss machen und Auto fahren. Um flexibel vom Hinterland in die Zivilisation – sprich: nach Rappi oder besser grad nach Züri – fahren zu können. So ist meine Autoliebe entstanden, und von lieb gewonnenen Gewohnheiten verabschiedet man sich nun mal nicht so einfach. Umso stolzer bin ich, dass ich als Glarnerin über all die Jahre den Zürcher Way of Life nach und nach angenommen habe und immer öfter auf das Auto verzichten kann!

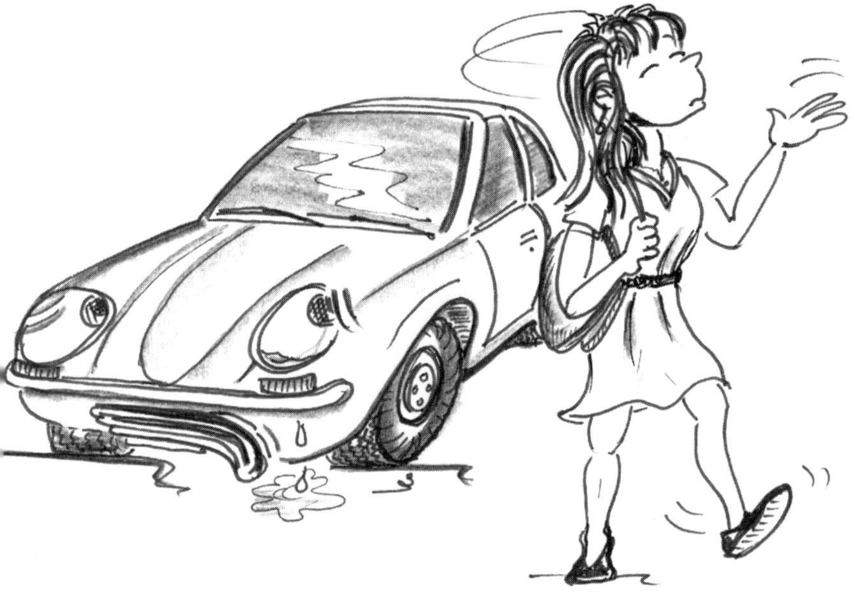

FAST SO GUT

Das Skifahren ist nicht wirklich Sache von Secondos. Denn weder haben wir es mit den Genen vererbt erhalten noch von Kindsbeinen an erlernen können. So tätigte auch ich meine ersten Skifahrversuche erst in der Primarschule anlässlich der Schulskitage. Sie können sich vorstellen, wie lustig es war, inmitten von Glarner Bergkindern, die alle mit Ski an den Füssen auf die Welt gekommen waren, eine blutige Skianfängerin zu sein …

Fast wäre es bei dieser Abneigung gegenüber dem Skifahren geblieben, hätte ich nicht das Familienoberhaupt geheiratet. Beflügelt von der Liebe, aber auch vom Vorsatz, meinen Kindern eine bessere Ausgangslage zu bieten, habe ich das Skifahren mit ihm zusammen neu erlernt. Doch immer im Wissen, dass «was Hänschen nicht lernt, Hans – trotz allen Bemühungen – nimmermehr lernen kann», jedenfalls nie mehr richtig. Oder doch?

Seit unserem ersten gemeinsamen Familienrennen 2015, bei dem ich bereits kurz nach dem Start den Anschluss an meine vor mir fahrenden Männern verlor, hat sich einiges getan. Ich bin hartnäckig drangeblieben, habe oft meine Komfortzone verlassen und bin über mich hinausgewachsen. Meinem hohen Alter zum Trotz konnte ich mich weiterentwickeln – auf bescheidenem Niveau zwar, aber immerhin.

UNSER SKIRENNEN KÖNNEN SIE HIER MITVERFOLGEN:

Beim diesjährigen Familienskirennen hielt ich das angeschlagene Tempo meiner Männer deutlich länger mit. Aufs Podest hat es zwar bei weitem wieder nicht gereicht, und einen Preis für den schönsten Fahrstil habe ich auch nicht gewonnen, aber: Von über 250 teilnehmenden Familien haben wir es doch ins vordere Viertel geschafft, was mir nicht nur den grossen Respekt meiner Jungs einbrachte, sondern auch folgendes

Kompliment vom Jüngsten in der Familie: «Wow, Mamma, du fährst ja schon fast so gut wie ich.» «Ähm ja, danke, Kleiner. Das ist jetzt zwar grad ein bisschen verkehrte Welt, aber, wenn du meinst, dann will das etwas heissen...»

LEBEN IN EINER WG

Kürzlich wurde ich gefragt, welches meine aktuell grösste Herausforderung in der Familie sei. Ganz ehrlich? So ziemlich alles. Vorpubertät, Gymi-Prüfung und «Fortnite» sind nur die Spitze des Eisbergs. Das Familienleben kommt mir vor wie ein Spiessrutenlauf auf einem Minenfeld – ein falscher Tritt, und schon löse ich die nächste Explosion aus.

«Das eigene Haus ist für jeden der sicherste Zufluchtsort», hielt das römische Gesetzeswerk «Corpus Iuris Civilis» fest. Oh ja, wie schön wäre es, wenn ich mich hin und wieder an einen sicheren und vor allem ruhigen und Jungs-freien Ort im Haus zurückziehen könnte. Das ist nämlich meine derzeit grösste Herausforderung: «Mein» Haus ist von Männern besetzt worden! Es gibt keinen Ort mehr, wo ich mich vor all diesem Testosteron in Sicherheit bringen kann. Als alleinige Frau in einem männerdominierten Haushalt fühle ich mich auf verlorenem Posten. Ich wollte nie in einer WG wohnen. Ich brauche meine Ruhe, meine Privatsphäre, ich habe meine Vorstellung von Ordnung und Sauberkeit. Und ich teile das Badezimmer nur ungern mit anderen. Unordnung und Lärm tun meinen Augen und Ohren weh und bringen meine Seele aus dem Gleichgewicht. Nun wohne ich nolens volens doch in einer: Betrete ich ein Zimmer, hockt schon einer drin. Der Familientisch ist ständig mit Schulkram belegt. Das Entree ist mit Schuhen, Turn- und Rucksäcken zugepflastert, überall hängen und liegen Jacken, Helme und Mützen. Von allen Seiten ertönt Musik, gleichzeitig und in verschiedenen Stilrichtungen. Will ich aufs WC, ist auch das besetzt. Möchte ich

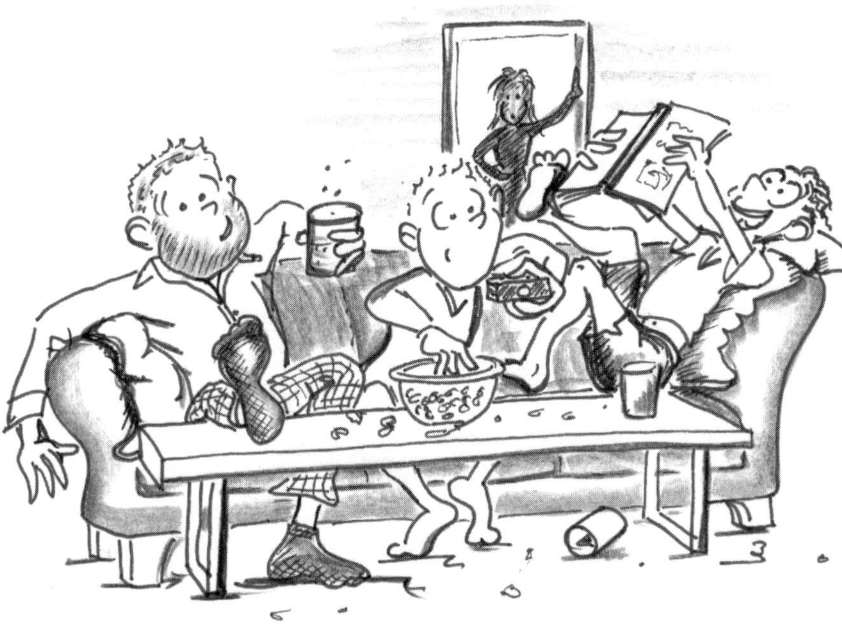

abends auf «mein» Sofa sitzen, hats keinen Platz, weil sich drei mir plötzlich unbekannt erscheinende Männer drauf fläzen. Ich wusste, dass ich mit Familie nie mehr so wohnen kann, wie es mir in meinem tiefsten Inneren gefallen würde. Doch dass die Bezeichnung «Familienhaushalt» spätestens ab dem Eintritt der Buben in die Pubertätsphase gleichzusetzen ist mit einer «Männer-WG», das wird mir erst jetzt bewusst.

«GRÜNE DÄUMLINGE»

Wie schön: Die Schülergärten in der Stadt bekommen endlich wieder den Stellenwert, den sie verdienen! Die ursprüngliche Motivation hinter der 1911 von einem Pfarrer ins Leben gerufenen Gesellschaft für Schülergärten war, im damals schnell wachsenden Zürich vor allem Kinder aus Arbeiterfamilien von der Strasse zu holen und ihnen eine sinnvolle Freizeitbeschäftigung zu bieten. Ausserdem war damals der Gemüse-Zustupf für den eigenen Haushalt auch ein guter Grund gewesen, die eigenen Kinder in die Schülergärten zu schicken.

Die Motivation der Gesellschaft für Schülergärten hat sich im Verlaufe der Zeit gewandelt. Heute versucht man, mit der Gartenarbeit in über zwanzig Gärten im ganzen Stadtgebiet in erster Linie die Freude an der Natur bei Kindern zu wecken. Mit Erfolg, denn jährlich melden sich jeweils über 650 Schüler für die Gartenarbeit an!

Auch unsere Jungs haben zwei Jahre lang erfolgreich ihr eigenes, rund zehn Quadratmeter grosses Schülerbeet bewirtschaftet. Ich wurde zwei Sommer lang mit Ladungen an feinsten Kartoffeln, Tomaten, Bohnen, Zucchetti, Gurken, Randen, Rüben, Radieschen, Peperoni sowie prächtigen Blumen regelrecht überschwemmt. Das waren zwei Saisons wie im Garten Eden!

Jetzt, wo sich der neue Lehrplan vermehrt an ausserschulischen Lernorten und praxisbezogener Bildung orientiert, verbreiten sich die Schülergärten als Teil einer grösseren Bewegung wieder in der ganzen Stadt. Aus eigener Erfahrung können wir das Arbeiten, Lernen und Spasshaben im Schülergarten nur unterstützen. Die Kinder erfahren, wie viel Arbeit in der Bewirtschaftung eines Gemüsegärtchens steckt, aber auch wie viel Freude es bereiten kann, mehr über die Natur zu lernen und regelmässig etwas Frisches und Feines zu ernten. Wenn Heinrich Pestalozzis wunderbarer pädagogischer Grundsatz «Mit Kopf, Herz und Hand» versinnbildlicht werden müsste, dann im Lernort Schülergarten! So umgesetzt, macht der neue Lehrplan nicht nur absolut Sinn, sondern auch Spass. Bravo!

DIE WELT DURCH KINDERAUGEN

«Hilfst du mir bei meinem Projekt?» Wenn mich meine Jungs so fragen, bin ich stets Feuer und Flamme. Doch nicht etwa, weil mich solche Anfragen flattieren. Nein. Ich bin von Haus aus interessiert und vor allem neugierig zu erfahren, woran unsere Jungs in der Schule gerade arbeiten. In ihre Lernwelt einzutauchen, sei es, wenn ich sie in der Schule besuchen darf, sei es, wenn sie zu Hause Hausaufgaben erledigen, für einen Test üben und eine Frage haben oder Hilfe benötigen, stellt für mich ein Fenster dar, durch das ich in ihren Mikrokosmos hineinschauen kann, in welchem sie sich in ihrem Lernprozess gerade befinden und in dem sie aktuell ihre Entdeckungen machen.

«Ich möchte für mein Projekt Blumen fotografieren. Kommst du mit?» Seit einem Jahr entdeckt unser Kleiner seine Welt durch die Linse seiner Kamera. Ihn auf seiner Entdeckungstour durchs Quartier zu begleiten und mit ihm gemeinsam nach Blumen Ausschau zu halten, hat mich dieses Mal in seine fantastische Welt eintauchen lassen und gleichzeitig in meine Kindheit zurückkatapultiert. In eine bunte, duftende Kindheit voller

Margritli, Schwii- und Geissäbluemä, Flieder, Rosen und Tulpen, Herzblumen, Stiefmüetterli, Maiglöggli, Vergissmeinnicht, Glockenblumen, Storchenschnabel, Waldnelken und mit vielen mehr, die wir damals gerne zu Sträusschen banden und nach Hause brachten oder aber zwischen schweren Büchern trockneten.

Über hundert Fotos sind auf unserem Streifzug durchs Quartier entstanden. Einen grossen Teil der Blumen konnten wir mithilfe meiner Erinnerungen gemeinsam bestimmen. Dabei wurde mir bewusst, dass ich in all den Jahren vergessen hatte, dass es all diese kleinen, unscheinbaren Frühlingsboten überhaupt gibt. Ich hatte verlernt, sie in der Hitze des alltäglichen Gefechts zu erkennen.

Zum Glück lassen einen Kinder die Welt immer wieder durch Kinderaugen sehen. Wenn man sich immer wieder aufs Neue darauf einlässt.

NACHTZUG-REVIVAL

Die Sommerferien stehen vor der Tür, und bei mir kommen in letzter Zeit immer öfter Erinnerungen an Nachtzugfahrten nach Italien auf. Nach heutigen Klimaschutz-Massstäben wären wir damals schon als regelrechte Trendsetter-Familie durchgegangen, die per Nachtzug in den Süden fuhr. Heute reden alle davon, dass man für Reisen innerhalb von Europa den Zug nehmen und auf den Flieger verzichten solle. Wir taten das schon vor Jahren, und es war ganz logisch. Weil nicht nur angenehm, sondern auch sicher und günstig für die ganze Familie. Mag sein, dass wir damals den Entscheid, mit dem Zug zu fahren, nicht in erster Linie aus Klimaschutzgründen fällten, sondern vielleicht nicht zuletzt, weil das Fliegen eine zu teure Alternative dargestellt hätte. Aber getan haben wir es, und es war gut und vernünftig.

Doch leider kam es, dass irgendwann der direkte Auto-Nachtzug von Zürich-Altstetten nach Neapel aus Rentabilitätsgründen vom SBB-Fahrplan gestrichen wurde. Später fielen auch die direkten Nachtzüge vom HB Zürich nach Rom oder Pescara dem Rotstift zum Opfer. Schade. Wirklich schade. Das war halt die Zeit, in der plötzlich alle überall hinflogen, weil es so günstig wurde.

Mit meiner Familie hätte ich die Nachtzug-Reisetradition gerne weitergeführt. Doch leider gibt es nur noch eine Handvoll Nachtzugverbindungen ab Zürich…

Immerhin sind wir aber schon via Nachtzug nach Wien gefahren. Mit dem Zug Städte wie München oder aber, wie diesen Sommer geplant, auch Paris und London anzusteuern oder mit dem Zug in die Skiferien oder Glampingferien zu reisen, erscheint uns weniger als etwas wahnsinnig Fortschrittliches als vielmehr Naheliegendes.

Ich freue mich deshalb persönlich sehr, dass die SBB wieder neue Nachtzugverbindungen prüfen. Auf dass unsere Jungs in ein paar Jahren via Nachtzug vielleicht nach Südfrankreich oder Ungarn reisen können. Wie ich damals als Studentin.

DAS GLÜCK IN ZÜRICH

Die Suche nach dem Glück beschäftigt mich seit meiner Kindheit. Doch nicht etwa, weil ich ein unglückliches Kind gewesen wäre. Ganz im Gegenteil. Die Glückssuche verbinde ich heute noch mit dem wunderbaren «Signor Rossi». Mögen Sie sich an den kleinen Mann mit Hut, Schnäuzchen, Fliege und Jackett erinnern? Bruno Bozzettos tragikomische Figur, die ein freudloses Leben als Arbeiter in einer Fischfabrik führt und mit seinem Hund Gaston und einer Trillerpfeife durch Raum und Zeit reist, um das Glück zu finden?

Anders als Erwachsene haben Kinder keine Erwartungen an das Glück. Ob eine Süssigkeit oder eine ausserordentliche Freizeitaktivität, mit der sie nicht gerechnet haben – Kinder nehmen jeden Glücksfall, der ihnen ohne eigenes Dazutun in den Schoss fällt, freudig an, hinterfragen ihn nicht und überlegen sich nicht ständig krampfhaft, wie sie das Glück auf Biegen und Brechen finden könnten.

Mit dem Glück ist es eh so eine Sache: Es lässt sich bekanntlich weder mit Wille noch durch Anstrengung finden und schon gar nicht durch hartnäckiges Wünschen. Glück stellt sich meist dann ein, wenn man nicht gezielt danach sucht und am wenigsten daran denkt. Und oft liegt es direkt vor der eigenen Nase. Wie zum Beispiel die Tatsache, dass wir das grosse Glück haben, in Zürich zu leben. Unsere Stadt gilt als eine der lebenswertesten Städte, in der viele glückliche Menschen leben. Auf seiner Glückssuche hätte sich Signor Rossi mit seiner Trillerpfeife nur nach Zürich beamen müssen!

WIE SIE UND IHRE FAMILIE DAS GLÜCK FINDEN KÖNNEN, VERRATEN WIR IHNEN IN UNSEREM PODCAST:

Auch wenn Glücksforscher sagen, dass 50 Prozent des Glücksgefühls genetisch bedingt sind, räumen sie den Lebensumständen wie dem Wohnort doch 10 Prozent des Glückanteils zu. Für uns Zürcher ist das eine tolle Ausgangslage zum Glücklichsein, oder? Die restlichen 40 Prozent zum totalen Glück, nun ja, die müssen wir durch eigenes Tun gestalten. Wie? Ein paar Ideen finden Sie gerne bei mir auf dem Blog – geben Sie in der Suchleiste «Glück» ein, und lassen Sie sich inspirieren!

GESTERN UND HEUTE

Es fasziniert mich immer wieder aufs Neue, wie sich Kreise schliessen! Als ich kürzlich die Radiosendung «Treffpunkt» zum Thema «Reisen mit Kindern» mitgestalten und Zuhörerfragen beantworten durfte, ahnte ich nicht, dass in meiner alten Heimat eine Person mithörte, die den Grundstein zu meiner Schreiberling-Karriere gelegt hat. Wie lieb von meiner ehemaligen Maschinenschreiblehrerin, dass sie sofort in die Tasten gegriffen hat, um mir zur gelungenen Radiosendung zu gratulieren!

Was meine Lehrerin ihrerseits nicht ahnen konnte: In der Casa Angelone ist sie derzeit sehr präsent! Unser Kleiner, der im Rahmen des Lehrplans 21 ein persönliches Tablet als digitales Arbeitsinstrument für die Schule erhalten hat, lernt Tastaturschreiben! Anders als ich damals kann er dies selbstständig und interaktiv am eigenen Tablet machen – «Schule am Bildschirm» heisst das. Aller Digitalisierung zum Trotz ist eines gleich geblieben: Tastaturschreibenlernen geht nur über das endlos scheinende, rhythmische Anschlagen einzelner Buchstaben. Und wenn ich dieser Tage der Stimme aus dem Tablet zuhöre, die unserem Kleinen Buchstaben im Metronom-Takt diktiert, so sitze ich selber wieder in der altehrwürdigen KV-Schule in Glarus. Vor mir Frau S., die Buchstaben genauso rhythmisch und unerbittlich im Takt vorgebend und mit Sperberblick sicherstellend, dass niemand beim Tippen nach unten auf die Tastatur schaut!

Die strenge Frontalunterrichtsmethode von damals mag heute antiquiert wirken. Doch sie unterscheidet sich nicht wirklich von der «Schule am Bildschirm» des Kleinen. Ausser, dass dieser zur Belohnung für korrekt ausgeführte Lerneinheiten Computerspiele spielen darf. Das durften wir bei Frau S. natürlich nicht. Im Gegenteil: Lösten wir eine Aufgabe korrekt, erteilte sie uns gleich die nächste! Ich habe jedenfalls bei Frau S. turbomässig und fehlerfrei tippen gelernt. Nun bin ich gespannt, ob mich der Kleine mit seiner Schule-am-Bildschirm-Methode schlagen wird.

DER DUFT VON KINDERSOMMER

Die derzeitige sengende Hitze lässt nicht nur vieles wie eine Fata Morgana erscheinen, sondern auch Düfte deutlich intensiver wirken. So werde ich derzeit, wenn ich durch das Quartier spaziere, auf Schritt und Tritt von Kindheitserinnerungen übermannt. Für die Länge eines Wimpernschlags werde ich in meine guten alten Kinderzeiten zurückversetzt. Dabei verspüre ich stets ein Gefühl der Unbeschwertheit und Geborgenheit.

Den betörenden Geruch unserer Gerichtslinde bei der Kirche nehme ich schon aus vielen Metern Entfernung wahr. Wie saugten wir diesen süsslichen Duft als Kind regelrecht in uns auf! Welche Freude war es, mit den duftenden Lindenblüten zu spielen und sie vom ausgestreckten Arm herab wie ein Propeller durch die Luft Richtung Boden schweben zu lassen!

Der berauschende Duft der wilden Rosen im Albisriederdörfli beraubt mich jedes Mal fast meiner Sinne. Dieser Duft begleitete mich jeden Sommer über auf dem Schulweg. Bis dann die schelmischen Buben im Spätsommer aus den Hagebutten Juckpulver machten und uns Meitli damit den Nacken einrieben!

Und dieser unvergleichliche Geruch von frisch gemähtem Gras! Da stehe ich grad wieder auf der weitläufigen «Matt» und schaue Richtung Süden, wo der markante Tödi – jeder Sommerhitze zum Trotz – gletscherweiss seine Stellung als König der Glarner Alpen hält.

Nun freue ich mich auf ein hoffentlich baldiges nächstes Flashback: diesen typischen Geruch des Regens, der nach einem

Sommergewitter auf dem Boden trocknet. Genau so wie damals, als ich im Sommer oft barfuss auf die Strasse ging!

Dostojewski hatte so recht: «Es gibt nichts, das höher, stärker, gesünder und nützlicher für das Leben wäre als eine gute Erinnerung aus der Kindheit, aus dem Elternhause.»

JEDER EIN AKTIVIST

Egal, was man als Eltern tut – man ist an allem schuld. Auch an der Klimaerwärmung. So werden Eltern derzeit von Jugendlichen bezichtigt, die Welt kaputt gemacht zu haben, und vorwurfsvoll gefragt, warum sie nichts fürs Klima getan hätten, als es noch nicht zu spät war.

Tja, unsere Jugend kann es ja nicht wissen, und vielleicht trauen sie es uns Eltern auch nicht zu, doch auch wir waren in jungen Jahren Aktivisten. So wie alle Jugendlichen in der Sturm- und-Drang-Phase.

Früher mögen zwar eher Friedens- und Freiheitsthemen aktuell gewesen sein statt Klimafragen, aber auch wir wollten die Welt zu einem besseren Ort machen. Und auch wir beschuldigten unsererseits unsere Eltern, Fehler gemacht zu haben.

Jedenfalls war ich auch schon Anhängerin von WWF und Greenpeace und setzte mich für den Regenwald ein sowie für die Beendigung von Robbenjagd und Walfang. Ich boykottierte Deosprays mit FCKW, um das Wachsen des Ozonlochs zu verhindern. Ich fuhr im Nachtzug durch Europa und befürwortete noch mehr autofreie Sonntage in der Schweiz. Fliegen war für mich nur schon des Geldes wegen ein No-go. Meine Clean-up-Days fanden zwar nicht an einem Strand statt dafür auf der Alp oder im Wald. No Plastic lebte ich mit einer riesigen Jute-Umhängetasche und mein Zero-Waste-Laden war das Umweltlädeli in Glarus, dank welchem ich früh um die Bedeutung unverpackter und nachhaltiger Produkte erfuhr.

Es ist also nicht so, dass Eltern untätig waren oder dass es ihnen egal war, was mit der Welt passiert. Schliesslich ist sie immer noch auch ein bisschen ihre. Wäre es also nicht nur sinnvoller, sondern auch weniger anstrengend, wenn Eltern und Jugendliche auf Augenhöhe zusammen kämpften? Eltern lassen sich gerne vom jugendlichen Enthusiasmus anstecken und unterstützen bereitwillig bei der Umsetzung von Lösungsansätzen.

Es würde Eltern aber auch freuen und ehren, wenn ihnen seitens der Jugendlichen Engagement und Weitsicht attestiert und ihr bisheriges Tun respektiert würde.

BELLA SIGNORINA

Wie verkrampft unser Umgang mit der Sprache vor lauter Gender- und Gleichstellungsfragen geworden ist, ist mir erst grad wieder bewusst geworden. Da wollte ich kürzlich unseren Grossen beim Lernen unterstützen und ihn französische Vokabeln abfragen und kam beim Wort «Mademoiselle» ins Stocken. Doch nicht etwa, weil ich das Wort nicht mehr wusste oder aber – oje, oje – mit der Übersetzung ein Problem gehabt hätte, sondern weil im Buch auf die Übersetzung gänzlich verzichtet wurde. Anstelle des deutschen Worts «Fräulein» stand in der dafür vorgesehenen Spalte umständlich und viel Platz einnehmend die politisch korrekte Umschreibung «Anrede für eine junge Frau».

Verstehen Sie mich richtig: Natürlich ist das perfekt korrekt gelöst von den Lehrmittelmachern. Und ja, das deutsche Wort «Fräulein» mag von mir aus veraltet und auch leicht abwertend und was weiss ich noch alles sein. Aber ist es wirklich derart schlimm, dass es nicht einmal mehr als durchaus korrekte Übersetzung in einem Sprachbuch abgedruckt werden kann? Über den Sinn oder Unsinn des Wortes kann man ja noch lange genug in anderen Fächern diskutieren …

Beim Franzwörtlilernen sollten wir uns vielleicht besser auch grad eine Scheibe der französischen Nonchalance abschneiden. Dadurch könnten wir etwas unverkrampfter durchs Leben gehen, statt immer und überall das Haar in der Suppe zu suchen. Denn sowohl die Franzosen als im Übrigen auch die Italiener – im italienischen Sprachgebrauch verhält es sich mit «Signorina» genauso – setzen diese für uns in der Schweiz unterdessen geächtete Anrede gerne und ganz bewusst als Kompliment ein, ohne sich dabei überhaupt einen Hauch Abwertendes zu denken. Aber damit landen wir schon beim nächsten heiklen Thema: Dürfen Männer Frauen überhaupt noch Komplimente machen?

METAMORPHOSEN

Unsere Jungs werden im Eiltempo grösser. Während unserer Ferien im Sommer hat mich der Ältere innerhalb von nur drei Wochen in einem einzigartigen Wachstumsschub grössenmässig überholt. Der Jüngere wird es ihm bald gleichtun. Ihre Metamorphose verläuft so augenscheinlich und schnell, dass ich täglich aufs Neue überrascht werde. Wenn ich sie aus dem Augenwinkel mustere, fühle ich mich wie Adriano Celentano. Dieser betrachtete seine heranwachsende Tochter sozusagen durch einen Türspalt und besang seine Beobachtungen und seine damit verbundenen Gefühle im erfolgreichen Lied «Intanto il tempo se ne va»: «Komisch, aber das bist wirklich du. 14-jährig oder etwas mehr. Deine Barbie hast du schon eine Weile nicht mehr. Netzstrümpfe haben deine Strumpfhosen ersetzt. Du trägst einen kürzeren Jupe, gewisse Gesten von dir sind maliziös. Dein Gang gleicht dem einer Frau. Dass man zur Frau wird, ist ja normal. Aber bei einer Tochter ist es etwas Besonderes. Vielleicht hast du einen Freund. Vielleicht hast du auch schon seinetwegen geweint. In deinem Alter wächst man schnell. Das habe ich vorher nicht gemerkt. Und bald wirst du abends weggehen. An diesen Abenden werde ich nicht schlafen.»

Das war 1980. Damals war ich 12 Jahre alt, und mein Vater verfolgte meine Metamorphose genau so wie Celentano diejenige seiner Tochter. Wenn wir an italienischen Festen gemeinsam zu diesem Lied tanzten, sang er gerne den Text mit und schaute mich dabei auf seine so eigene besorgt-belustigte Art an. Heute bin ich die stille Beobachterin meiner eigenen Kinder. Und erst heute verstehe ich nicht nur jede einzelne Zeile dieses schönen Lieds wirklich richtig, sondern vor allem die damalige Gefühlswelt meines Vaters.

PRAKTISCH LERNEN

Sie wissen: Ich bin ein grosser Fan von praxisbezogenen Schülerprojekten. Deshalb freut es mich immer wieder sehr, wenn die Schule unserer Jungs solche Konzepte umsetzt.

Kürzlich durfte der Kleine gemeinsam mit seinen Klassenkameraden im Rahmen einer ZVV-Entdeckungsreise den Kanton Zürich via öffentliche Verkehrsmittel wortwörtlich erfahren und aus einer praxisbezogenen Perspektive entdecken!

Schon seit längerem befasste sich der Kleine im Fach Natur, Mensch und Gesellschaft mit der Stadt und dem Kanton Zürich. Während dieser Zeit habe auch ich einiges dazugelernt: Namen von Zürcher Flüssen, Seen und Bergen, Lage und Besonderheiten von Kreisen, Bezirken und Regionen und vieles mehr. Dabei wurden Erinnerungen an meine Primarschulzeit wach, als ich mit dem Glarner Heimatbuch alles über das Glarnerland lernte.

Ich liebte Heimatkunde, und ich liebte dieses Lehrmittel, das ich mir übrigens kürzlich in einer aktuellen Auflage nochmals angeschafft habe. Nach wie vor finde ich es etwas vom Wichtigsten und Schönsten, das, was einem am nächsten liegt, gut zu kennen.

Was mir am ZVV-Projekt besonders gut gefallen hat: Im Rahmen der Gruppenarbeit haben die Kinder nicht nur gelernt, eine klimafreundliche Reise von A bis Z selber zu planen, sondern sie durften die Reise auch gleich durchführen – der ZVV stellte hierfür kostenlos Tageskarten zur Verfügung. Dabei haben die Kinder gelernt, sich selbstständig mit Tram, Bus, Zug und Schiff innerhalb des Kantons Zürich zu bewegen und sich im öffentlichen Verkehr korrekt zu verhalten.

So etwas Cooles konnte ich damals nicht machen. Umso mehr freut es mich aber, dass das neue Glarner Heimatbuch unterdessen nicht nur mit Lerneinheiten mit projektorientierten Angeboten ergänzt wurde, sondern auch über eine digitale Erweiterung verfügt. Es ist halt schon so: Innovation hat im Glarnerland seit Jahrhunderten Tradition – das stand schon in meinem alten Heimatbuch so!

BACK TO THE FUTURE

Beim Umorganisieren unserer Familienbibliothek ist mir mein allererstes Wissenschaftsbuch in die Hände geraten. Ein Buch aus dem Jahre 1976, das mir mein Vater aus Italien mitgebracht hatte. Damals fuhr er dann und wann mit seinen Brüdern über die Grenze nach Como, um sich mit Pasta, Kaffee und Panettone einzudecken. Weniger, weil es preislich ein Wahnsinnsdeal gewesen wäre, sondern vielmehr, um ein Stück Heimat nach Hause zu bringen. Die Vielfalt an italienischen Köstlichkeiten in der Schweiz war damals bei weitem nicht so gross wie heute, erst recht nicht im Glarnerland.

Jedes Mal überraschte mich mein Vater mit neuen Büchern, mit welchen er nicht nur das Fundament für meine Bücherliebe legte, sondern auch ein starkes Band zur italienischen Kultur schuf. Nebst Kultbüchern wie «Pinocchio» oder «Cuore» brachte er mir einst das besagte Wissenschaftsbuch für Kinder mit. Ich war klein, konnte zwar gut Italienisch lesen, verstand aber nicht wirklich alles, was ich in diesem Buch entdeckte. So beschränkte ich mich anfänglich, diese Wundertüte an Informationen immer wieder durchzublättern und anzuschauen. Am meisten imponierten mir die Bilder des Alls, aber besonders beeindruckt war ich stets von der letzten Seite. Hier wagten die Autoren einen Ausblick in die Zukunft: Es sollte dereinst Schwebezüge geben, die durch magnetische Kräfte angetrieben würden. Riesige Mühlen würden Strom aus Wind produzieren und Hausdächer in der Lage sein, die Sonnenenergie zu nutzen. Es würde in der Zukunft gar Autos geben, die ganz von selbst fahren würden! An dieser Stelle richtete ich immer wieder überwältigt den Blick in die Ferne und versuchte, mir dieses unglaubliche Leben in der Zukunft vorzustellen.

Mehr als vierzig Jahre später halte ich mein abgegriffenes Wissenschaftsbuch wieder in der Hand und fühle mich beim Durchblättern noch genauso überwältigt. Was sich alles getan hat in dieser Zeit! Und wie wird das Leben in der Zukunft meiner Kinder aussehen?

KRISEN, CHANCEN UND ZUVERSICHT

LAGERHALTUNG ALL'ITALIANA

Wie ich Ihnen kürzlich erzählt habe, ist uns Secondos die Vorratshaltung mit den Genen vererbt worden. Meine Eltern hielten nicht nur einen typisch südländischen Notvorrat an Lebensmitteln, sondern hätten auch gleich das ganze Dorf über mehrere Wochen hinweg mit unzähligen Alltagsgegenständen aller Art am Leben und Funktionieren erhalten können. Als Kriegskind hat vor allem mein Vater gelernt, Hab und Gut zu schätzen, nichts wegzuwerfen. Selbst was nicht mehr repariert werden konnte, diente ihm noch als Quelle für Ersatzteile.

Oft wurde mein Vater für seinen Hortsinn belächelt. Manchmal schämte auch ich mich etwas, dass sich bei uns im Keller, im Estrich, in der Garage und in der Werkstatt unzählige, sorgfältig eingepackte Dinge stapelten – nicht selten auch mehrere Exemplare von derselben Sorte ... Doch jedes Mal, wenn bei uns zu Hause etwas fehlte oder kaputtging, tauchte mein Vater kurz in seine Welt ab, um schon bald mit dem gewünschten Gegenstand, mit einem Ersatzteil oder einer Alternative zurückzukehren. Zeitlebens hat er in seinem Fundus an Dingen die Lösung für kleinere und grössere Probleme im und ums Haus gefunden!

Auch wenn seine Einstellung leider auf traumatische Erlebnisse in seiner Kindheit zurückzuführen waren, so bin ich froh, dass ich dank seinem ganz eigenen Verhalten selber gelernt habe, achtsam mit Dingen umzugehen. Heute erkenne ich, wie viel von meinem Vater in mir ist, wenn ich im Alltag Sachen auf die Seite lege, auf dass ich sie irgendwann wieder brauchen kann. Mein Vorrats- und Ersatzteillager ist zwar nicht so gross wie seins. Doch auch meine Kinder haben schon oft nicht schlecht gestaunt, welche Lösungen ich für ihre Sörgeli aus dem Keller oder Estrich gezaubert habe!

FüRIO!

Ahje – das Coronavirus spaltet die Geister: Die einen haben (zu fest?) Angst, die anderen spielen die Gefahr (zu leichtsinnig?) runter. Statt, dass sachlich über das Thema geredet wird, arten Diskussionen in emotionale Streitgespräche aus, ob jetzt Panikmache gefährlicher sei als Verharmlosung oder umgekehrt.

Das Verhalten beider Seiten erinnert mich an Verhaltensmuster von Menschen bei Feuerwehrübungen. Egal, ob in einem Unternehmen oder in einer Schule: Immer, wenn eine Übung durchexerziert wird, gibt es die einen, die ohne zu hinterfragen den Anordnungen folgen und die anderen, die sich über solche Sicherheitsvorkehrungen lustig machen und sie nicht ernst nehmen.

Sind nun diejenigen, die den Anweisungen folgen, automatisch obrigkeitsgläubige, ängstliche und unmündige Menschen mit einem Hang zu Alarmismus und Panikmache? Und weshalb ziehen die anderen sachlich gerechtfertigte Präventionsmassnahmen ins Lächerliche? Vielleicht, um ihre doch vorhandene Unsicherheit zu überspielen? Sind auf Sicherheit bedachte Menschen bünzlig? Gilt Nonchalance gegenüber Risiken als cool?

Ich gebe es jedenfalls zu: Mir bereitet diese Situation zwar keine Angst, aber doch Sorge. Mir ist es egal, ob ich deswegen als bünzlig gelten mag. Ich betrachte diese ausserordentliche Situation nicht als Apokalypse. Ich sehe darin eine Feuerwehrübung, eine Übungsanlage, die wir alle mit Ernsthaftigkeit und Verantwortungsbewusstsein nutzen sollten, um zu beweisen, dass wir miteinander am selben Strick ziehen können. Nur schon zu Gunsten der Risikogruppen und für den Fall, dass wir eines Tages einer wirklich gefährlichen, globalen Krise gegenüberstehen.

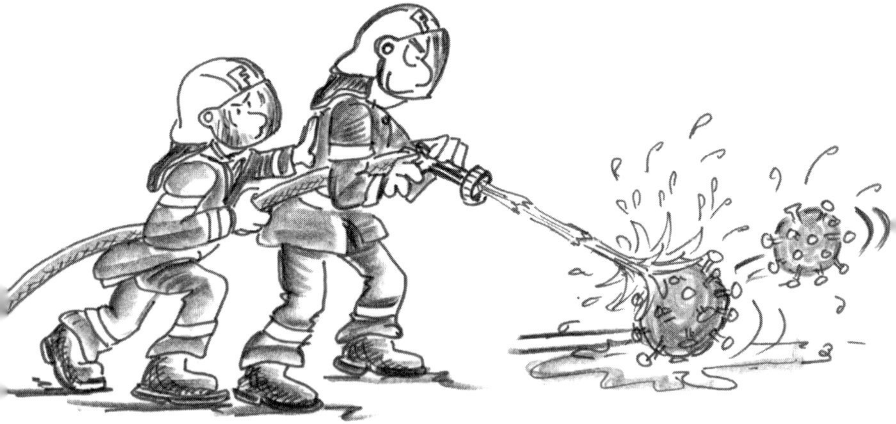

KRISE ALS CHANCE

Liebe Leserinnen und Leser, die Themenwahl für die heutige Kolumne ist mir schwergefallen. Vor dem Hintergrund des Coronavirus haben viele Alltagsthemen, die wir hier gerne mit einem Augenzwinkern diskutieren, an Bedeutung verloren. Der jetzige Ausnahmezustand beherrscht unsere Gedanken und birgt die Gefahr, dass wir nur noch schwarzsehen.

Schauen wir aber genauer hin, sehen wir, dass sich seit Krisenbeginn einiges verändert, zum Besseren gewendet hat. Statt sich in erster Linie über Party-Verbote zu ärgern oder sich vor finanziellen Einbussen zu fürchten, haben viele Menschen den Schalter gekippt und ein neues Mindset eingestellt. Während die einen die Produktion von Schmierstoff sofort auf Desinfektionsmittel umgestellt haben, geben die anderen ihre Schulungen neu online statt im Kursraum oder stellen als Restaurants auf Take-away oder Home Delivery um. Event-Firmen, denen das Kerngeschäft weggebrochen ist, bieten ihren Service nun dort an, wo er dringend gebraucht wird, zum Beispiel zur Unterstützung im Haushalt oder bei Einkäufen und Botengängen von Senioren. Ein weiteres tolles Projekt, das dieser Tage entstanden ist, stammt von «tsüri.ch». In dieser Facebook-Gruppe vernetzen sich Menschen, die auf Unterstützung angewiesen sind, mit solchen, die gerne helfen. Auf Geldzahlung und Gegenleistungen wird verzichtet.

Mein Vater hatte recht, wenn er in schweren Zeiten zu sagen pflegte: «Nicht alles Böse kommt nur, um zu schaden.» Seine Maxime habe ich mir zeitlebens zu Herzen genommen, wenn Dinge nicht so gelaufen sind wie gewünscht. Krisenzeiten können ungeahnte Ressourcen aktivieren, die Innovation fördern und – was jetzt doch noch passiert – die Solidarität stärken. Übrigens: Auch ich habe mich der Gruppe «tsüri.ch» angeschlossen. Wenn Sie Hilfe brauchen, melden Sie sich.

Out of Africa

Mögen Sie sich an «Daktari» erinnern? Die Fernsehserie rund um den Tierarzt, der in Afrika zusammen mit seiner Tochter eine Buschstation gründete, gegen Wilderer kämpfte und Umweltschutz betrieb? Schauten Sie auch «Im Reich der wilden Tiere»? Die Tierserie mit dem Zoologen, der über das Leben von Wildtieren auf der ganzen Welt, aber vor allem in Afrika berichtete? Diese spannenden und lehrreichen Dokumentationen – und viele andere Tierfilme mehr – gehörten zum festen Fernsehprogramm meiner Familie. Sie prägten meine Kindheit, legten den Grundstein zu meiner Tierfilm-Liebe und weckten meine Begeisterung für die afrikanische Tierwelt.

Die Leidenschaft für Tierdokus habe ich meinen Jungs weitervererbt. Von der Tiefsee über abgelegene Inseln im Pazifik bis zum einheimischen Wald – über unzählige grandiose ausländische wie Schweizer Naturfilmreihen haben wir in den letzten Jahren zusammen vor dem Fernseher so viel Spannendes über Tiere auf der ganzen Welt erfahren. Am meisten fasziniert hat auch meine Jungs stets die magische Tierwelt Afrikas. So sehr, dass wir vor zwei Jahren entschieden haben, uns diesen Sommer als Familie auf die Spuren der «Big Five» zu machen.

Leider hat Corona einen dicken Strich durch unsere lang gehegte und intensive Ferienplanung gemacht. Die Enttäuschung ist gross, dass wir diese abenteuerliche Reise, auf die wir uns alle monatelang gefreut haben, diesen Sommer nicht antreten können. Doch aufgeschoben ist nicht aufgehoben. Ganz nach dem Motto «dream now, travel later» werden wir diese – vielleicht letzte – Familienreise in zwei Jahren hoffentlich nachholen können.

In der Zwischenzeit werden wir, statt nach Namibia zu reisen, durch die heimische Naturwelt stöbern, den Zoo besuchen und ganz viele Tierdokus mehr schauen!

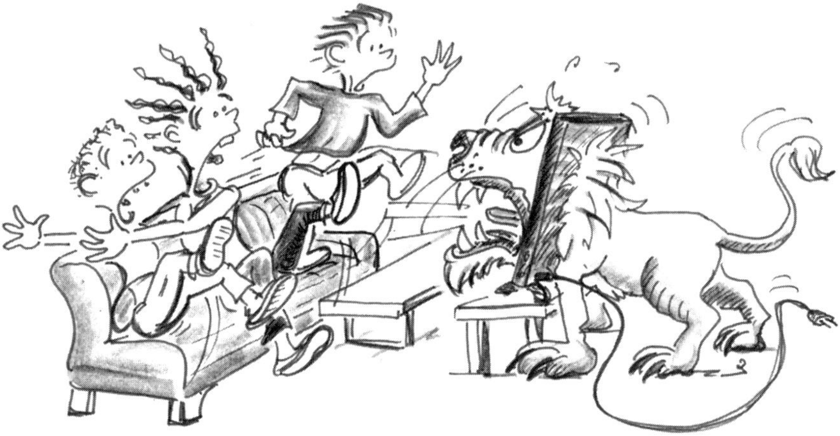

KLEINES WUNDER

Je länger die Stay-at-Home-Zeit dauert, umso klarer wird, wie sehr wir soziale Kontakte brauchen, um uns gut zu fühlen. Insbesondere ältere Menschen, und erst recht solche, die alleinstehend oder – wie im Falle unserer Nonna – verwitwet sind.

Als Angehörige leidet man doppelt: Zum einen vermisst man den Kontakt zu den eigenen Eltern und Grosseltern selber sehr, zum anderen sorgt man sich um ihr Wohlbefinden und fürchtet die Folgen, die diese Isolation und eine sich zunehmend schwerer anfühlende Einsamkeit mit sich bringen. Nicht alle Senioren besitzen einen Computer oder ein Smartphone, über die man sich wenigstens virtuell sehen könnte.

Nach vielen schlaflosen Nächten und verzweifeltem Suchen habe ich für Nonna und für uns alle eine Lösung gefunden, die mir wie ein Wunder erscheint. Und zwar habe ich Nonna einen «Amigo» zugelegt, ein geniales Tablet, extra konzipiert für Senioren! Was ich für unmöglich hielt, ist wahr geworden: Nonna hat das Tablet rasch in den Griff bekommen! Zum Erstaunen aller erhielt ich kurz nach meiner Einführung bereits ihre erste Mail sowie eine Einladung zu einem Videoanruf! Welche Freude und welcher Stolz auf beiden Seiten, als wir uns erstmals über Videotelefonie austauschen konnten und erst recht, als sie uns mitteilte, dass sie ihre Everdance-Lektionen zu Hause per Video nachtanzt!

Unterdessen beantwortet und schreibt sie – am liebsten den Enkeln – täglich mehrere Nachrichten und fordert uns laufend auf, sie per Video anzurufen. Natürlich fehlen wir ihr nach wie vor – das geht uns umgekehrt genauso. Doch dieses Tablet macht die schwere Situation erträglicher.

SCHWEIZER ROADTRIP

Diesen Sommer haben wir eine Premiere gefeiert: Wir haben erstmals so richtig-richtig Ferien in der Schweiz gemacht! Was wir zuerst als Second-Best-Lösung betrachteten, entpuppte sich als besonderes Highlight. Es ist nicht so, dass wir die Schweiz in Sachen Ferien geringschätzen würden und ständig im Ausland unterwegs wären. Im Gegenteil: Den grössten Teil unserer Ferien und freien Zeit verbringen wir seit eh und je hier. Doch diesen Sommer hatten wir uns auf unsere grosse Familienreise nach Afrika gefreut ... Stattdessen haben wir uns für einen Roadtrip durch die Schweiz entschieden. Begonnen hat unsere Tour auf der Mettmen-Alp im Glarnerland. Wir sind durch das älteste Naturschutzgebiet Europas gewandert und haben in SAC-Hütten und Berghotels übernachtet. Über den Klausenpass sind wir weiter nach Altdorf gefahren, wo es uns vor allem die schönen Badeorte am Urnersee angetan haben. Unsere Reise hat uns dann über den Furkapass hautnah zum beeindruckenden Rhonegletscher und weiter über den Grimselpass nach Brienz geführt. Hier haben wir im See gebadet, sind mit der Dampfbahn aufs Rothorn gefahren und haben ein grossartiges 1.-August-Feuerwerk genossen. Anschliessend sind wir nach Grindelwald weitergezogen, wo wir nicht nur die Eigerschlucht, sondern auch das Jungfraujoch besucht und den Aletschgletscher gesehen haben. Und nein, Schweizer Ferien sind nicht nur Bergferien: Zuletzt haben wir Badetage am Thunersee verbracht. Wir sind nur zwei Wochen unterwegs gewesen und knapp 600 km weit gefahren. Doch wir haben viel erlebt: Berge, Seen, Natur, Städte, Schluchten, Gipfel, Schnee und Hitze. Unsere Tour hat uns vor Augen geführt, wie vielfältig und schön die Schweiz ist

DIE HIGHLIGHTS UNSERES TRIPS DURCH DIE SCHWEIZ FINDEN SIE HIER:

und wie privilegiert wir sind, da leben zu dürfen, wo Menschen aus der ganzen Welt Ferien machen wollen.

DUFT-SOUVENIRS

Kennen Sie sie auch? Diese Düfte, die uns für die Länge eines Wimpernschlags an unsere Kindheit erinnern? Der Duft von frisch gebackenen Guetzli, der Geruch von frisch gemähtem Gras oder der Dunst, der nach einem Sommerregen vom Asphalt aufsteigt? Ganz zu schweigen von diesem Hauch, der in der Luft liegt, kurz bevor der erste Schnee fällt. All diese Düfte vermögen uns, wenn wir sie auch nur ansatzweise wahrnehmen, schlagartig in die guten alten Kinderzeiten zurückzuversetzen und in uns Gefühle von Unbeschwertheit und Geborgenheit zu wecken. Wissenschaftler nennen das den «Madeleine-Moment». Schriftsteller Marcel Proust beschreibt in seinem Roman «Auf der Suche nach der verlorenen Zeit», wie sein Held ein Stück Madeleine-Gebäck in Lindenblütentee taucht und durch die spezielle Mischung aus Duft und Geschmack von Kindheitserinnerungen überflutet wird.

Doch nicht nur die Kindheit hat ihre ganz eigenen Düfte, sondern auch die Jugendzeit. So erinnere ich mich zum Beispiel haargenau an den Geruch meiner dunkelblauen Ledermappe, die mich durch die gesamte Gymi-Zeit begleitet hat. Oder an den Gestank beim Durchqueren des Raucherabteils im Zug auf der Suche nach einem Sitzplatz auf der Fahrt zur Schule. Oder an mein allererstes Parfum, das mir meine Mutter mit dreizehn Jahren geschenkt hat. «My Melody Dreams» hiess das Eau de Toilette, das blumig-frisch duftete, in einem schönen Flacon daherkam und zu meiner Zeit der Duft einer ganzen Teenie-Generation war.

An all diese Düfte und an all die damit verbundenen schönen Erinnerungen musste ich denken, als ich kürzlich im Laden nach zwei Deos für meine Jungs Ausschau hielt: Green Mojito, Pink Pepper oder Fresh Cedarwood – das sind die Düfte, die ihre Jugendzeit prägen werden. Zusammen – leider – mit dem chemischen Geruch von Gesichtsmasken und Desinfektionsmitteln.

IM DILEMMA

Die Pubertät ist die Zeit der Selbstfindung und Loslösung von den Eltern. Das oberste Ziel von Teenagern in dieser Phase: Ja keine Gemeinsamkeiten mit den eigenen Erzeugern haben. Das gilt auch für unsere Jungs. In ihrem Drang, sich von ihren peinlichen Eltern abzugrenzen, gehen Teenager aber oft so widersprüchlich vor, dass ich auf den Stockzähnen lachen muss.

Einerseits reissen sie sich Schuhe, Hosen, Jacken oder Velohelm vom Familienoberhaupt unter den Nagel, andererseits finden sie, dass wir Alten keine Ahnung haben, was heute modemässig angesagt ist. Obwohl sie auch schulisch bereits alles viel besser wissen als wir, kommen sie dann vor einem Test doch angeschlichen und bitten uns, sie bei der Lösung einer Mathe-Aufgabe zu unterstützen oder die Wörtli abzufragen. Sie schütteln den Kopf über Yoga und finden, das sei kein Sport, bedienen sich dann aber meiner Yoga-Matte, um ihre Fitness-Übungen zu machen.

Und so verhält es sich auch mit der Musik. Teenager glauben doch tatsächlich, ihren eigenen Musikstil gefunden zu haben, wenn sie die heute angesagten Hits cool finden. Sie denken im Ernst, dass sie sich musikalisch von uns Eltern abgrenzen, wenn sie Remixes von weltbekannten DJs hören. Hach, wenn Teenager wüssten … Soll ich meinen Jungs die Wahrheit sagen? Dass es der Sound der 80er ist? Unser alter Sound, einfach leicht anders verpackt? Dass wir die Remakes von Tina Turner, Whitney Houston oder Donna Summer längst kennen, und zwar in der Originalversion? Nein, ich zügle meine scharfe Zunge lieber. Ich will nicht riskieren, all diese wunderbaren Songs augenblicklich nicht mehr im Hause zu hören, weil die Jungs nach einer solchen Offenbarung dann die Lieder unter missbilligenden «Wäk»-Rufen sofort von ihrer Playlist löschen würden. Dies wird eh früh genug passieren, wenn sie mich irgendwann dabei ertappen, wie ich dazu meine ach so peinlichen 80er-Jahre-Moves mache.

TEEN TALK

Teenager und Kommunikation – das ist eine Sache für sich. Obwohl ich mich nun doch auch schon eine gewisse Zeit damit auseinandersetzen muss, habe ich das System oder die Logik dahinter noch nicht durchschaut. Was ich weiss: Die Kommunikation mit Teenagern ist alles andere als einfach. Auf der einen Seite muss man ihnen alles Wichtige aus der Nase ziehen und auf der anderen Seite wissen sie, wenn sie dann mal etwas sagen, alles besser. Kommunikationsversuche gleichen einem Eiertanz auf einem Minenfeld: Ein falscher Schritt, sprich: ein falsches Wort oder auch nur schon eine falsche Tonalität oder Mimik und zack! kommt es zur Explosion. Und da aus Teenagersicht von den Eltern über die Schule bis hin zur Jahreszeit oder das Wetter eh alles falsch ist, ist vernünftig reden sozusagen unmöglich.

Der einzige funktionierende Kommunikationskanal erscheint das Handy, an welchem sie ständig dran sind. Damit «reden» sie mit ihren Freunden, und dies am liebsten via WhatsApp. Doch trotz der digitalen Möglichkeiten, die sie heutzutage zur Verfügung haben, schaffen sie es selten, einfach und schnell etwas Konkretes mit ihren Freunden abzumachen. Da werden WhatsApp-Nachrichten hin- und hergeschickt und am Schluss kommt das Treffen aus unerklärlichen Gründen dann doch nicht zustande, weil der Nachrichtenschwall plötzlich versiegt. Statt zu telefonieren und nachzufragen, lässt man es dann einfach sein ... ist doch egal. Den Umgang mit dem Telefon haben sie eh verlernt oder erst gar nie erlernt. Ihre Sprache ist reduziert auf ein paar Worte wie «He», «Bro» oder «Alter», dafür mit umso mehr Emojis verziert. Einen längeren geraden Satz kriegen sie meist nicht auf die Reihe. Nicht am Telefon und schon gar nicht face-to-face. Und obwohl sie 24/7 am Handy sind, sind sie – he, sorry! – immer genau dann offline oder ihr Akku ist leer, wenn wir sie erreichen wollen ...!

GROSSE GIPSLIEBE

Ich weiss nicht, wie Sie es hatten, aber ich wollte als Kind immer einen Gips haben! Ich fand es faszinierend, wie meine Mitschüler mit einem Gipsarm oder Gipsbein im Zentrum der Aufmerksamkeit standen. Ich beneidete sie um all die Unterschriften, Kritzeleien und mehr oder weniger versteckten Liebesbekundungen, die sie auf ihren Gips erhielten, und um die Hilfsbereitschaft, die ihnen von allen Seiten zuteilwurde.

Am liebsten hätte ich ein Gipsbein gehabt mit herausragenden nackten Zehen. In diesem Fall wären nämlich auch Krücken dazugekommen, was den Coolness-Faktor enorm erhöhte. Ich wäre aber auch mit einem Gipsarm sehr zufrieden gewesen. Allerdings nur mit einer minimalistischen schwarzen Armschlinge.

Leider blieb mir dieser Wunsch vergönnt. Denn während sich meine Schweizer Schulfreunde des Öfteren etwas brachen und mit einem Gips schmücken durften, passierte mir nie etwas Gröberes. Wie auch? Als Seconda trieb ich damals nur halb so viel Sport wie meine Mitschüler und schon gar nicht im Winter, wenn sich am meisten Arm- und Beinbrüche ereigneten. Das Einzige, was ich schaffte, war ein läppischer Bruch des kleinen Fingers, der völlig unspektakulär beim Ballspielen passierte und für dessen Heilung kein richtiger Gips vonnöten war. Nicht

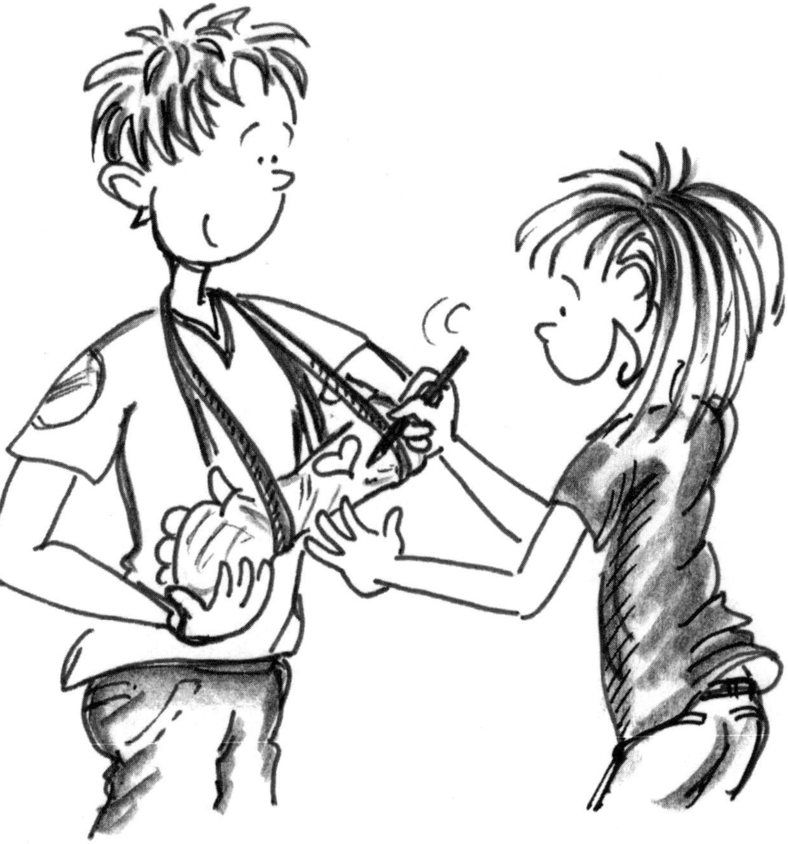

einmal eine schicke schwarze Schlinge erhielt ich, sondern ein riesiges blaues, total uncooles Dreieckstuch mit Blumenmuster, um den Finger ruhig zu lagern. Von Aufmerksamkeit und Hilfsbereitschaft seitens meiner Kollegen gar nicht zu reden.

All diese Erinnerungen sind mir in den letzten paar Wochen immer wieder durch den Kopf geschwirrt. Und zwar beim Anblick des Unterarmgipses unseres Kleinen. Unnötig zu erwähnen, dass auch seiner voller Unterschriften, Kritzeleien und vielleicht auch mehr oder weniger versteckter Liebesbekundungen war!

DER WAHRE GRUND

Hätten Sie das gedacht? Es gibt mehr und mehr Italiener, die über hundert Jahre alt werden und dabei auch noch gesund bleiben! Im Cilento, ein süditalienisches Gebiet in der Region Kampanien, gibt es sogar so viele Hundertjährige wie sonst nirgends in ganz Italien. Es gibt da ein Dorf, wo die Dichte der im hohen Lebensalter Stehenden höher ist als auf der Insel Okinawa in Japan, die bisher als Insel der Unsterblichkeit galt. Zusammen mit Okinawa zählen auch Sardinien und Sizilien zu den sogenannten Blauen Zonen dieser Erde. Also Regionen, in denen Menschen viel länger als der Durchschnitt leben. Sardinien und Sizilien gelten deshalb ebenfalls als «glückliche Inseln», wo überdurchschnittlich viele gesunde Hundertjährige leben. Was ist das Geheimnis dieser Langlebigkeit? Gemäss Forschungen von Wissenschaftlern trägt neben der genetischen Veranlagung viel frische Luft, gesunde, mediterrane Ernährung und ein aktiver, stressarmer Lebenswandel gekoppelt mit einer optimistischen Lebenseinstellung dazu bei, ein hohes Alter bei guter Gesundheit zu erreichen. Zudem leben die Menschen in diesen Blauen Zonen sehr traditionell. So stammt alles aus eigenem Anbau, eigener Herstellung, eigener Zucht, eigenem Fang. Es herrscht wenig Verkehr, die Menschen laufen zu Fuss und arbeiten bis ins hohe Alter auf den Feldern. So etwas wie Ruhestand kennen sie nicht.

Abgesehen davon, legt man viel Wert auf den familiären und gesellschaftlichen Zusammenhalt. Die Alten sind in feste familiäre Strukturen eingebunden und werden von ihrer Familie, ihren Kindern, Enkeln und Urenkeln umsorgt. Und jede und jeder der Alten – ob in Italien oder in Okinawa – hat etwas, das man in der okinawischen Sprache als «Ikigai» bezeichnet: einen Grund zu leben, der einen jeden Morgen aufstehen lässt, um etwas Sinnvolles zu tun!

SCHLÜRFEN EINST UND HEUTE

Ich kann mich gut erinnern: Als ich so alt war wie unsere Jungs heute, durfte ich jeweils am Samstag oder am Sonntag zusammen mit meinen zwei Freundinnen mit dem Zug für ein paar Stunden nach Glarus in die Stadt fahren, um dort zu lädelen und vor dem Nachhausegehen noch eins ziehen zu gehen. Das Highlight unserer harmlosen Teenie-Eskapaden bestand darin, uns in der örtlichen In-Beiz ein Frappé zu gönnen. Unsere Geschmackslieblinge waren – wen wunderts? – Schoggi, Vanille und auch Erdbeere. Das Feinste an diesem Genuss war für uns immer der abschliessende Schlürfer, wenn wir mit dem Röhrli die allerletzten Frappé-Schaumreste entlang der Innenseite der wuchtigen Gläser abschabten, um sie dann genüsslich direkt vom Röhrli abzuschlecken. Oh, war das fein und tat das gut!

Unsere Jungs haben witzigerweise eine ähnliche Vorliebe entwickelt. Allerdings trinken sie keine Frappés. Und schon gar nicht in den Aromen Schoggi, Vanille oder Erdbeere. Nein, sie trinken – wie könnte es anders sein? – die derzeit total angesagten Bubble Teas. Das kultige Schlürfgetränk wird zwar ähnlich wie ein Frappé gemixt und geschüttelt, besteht aber aus Tee, der mit Milch oder Fruchtsirup und – und das ist der Clou – mit essbaren Tapioka-Bällchen in verschiedenen Geschmacksrichtungen versetzt wird und die von der Textur her ein wenig an Gummibärchen erinnern. Bei aller Verschiedenheit unserer Getränke-Vorlieben zu Teenie-Zeiten ist eins gemeinsam: das wohltuende Schlürfen, denn: Die bunten Perlen in den Bubble Teas muss man durch den Strohhalm saugen und im Mund platzen lassen, wo sie ihre Aromen freigeben. Somit dürfte definitiv bewiesen sein, dass das Schlürfen nicht nur den aromatischen Genuss von Suppen und Getränken erhöht, sondern einfach nur glücklich macht!

ITALIEN-SEHNSUCHT

Kaum zu glauben: Meine erste Kolumne habe ich vor zwölf Jahren geschrieben. Damals waren meine Jungs drei- respektive einundhalb Jahre alt und wir fuhren in jenem Sommer erstmals zu viert nach Italien. Auf Familienferien im Mezzogiorno hatten wir lange verzichtet, um die Kinder nicht unnötig zu stressen. In jenem Sommer glaubten wir unsere Buben aber robust genug, um das Abenteuer Ferien in Italien optimistisch angehen zu können. Na ja, die Ferien verliefen wie Familienferien mit Kleinkindern halt so verlaufen: Von Dolce Vita und Dolcefarniente keine Spur. Schön waren sie trotzdem, weil jede Reise zu meinen Eltern in den Süden immer auch eine Reise zu meinen Wurzeln war, zurück in meine eigene unbeschwerte Kindheit und Jugendzeit.

Obwohl unsere Jungs nun längst (welt-)reisetauglich wären, verbringen wir aufgrund der nach wie vor unlustigen Lage unsere Ferien ganz bewusst zum zweiten Mal in Folge in einheimischen Gefilden. Auch wenn wir die Schweiz lieben und ausserordentlich schön finden, so ist da aber doch diese unbändige

Sehnsucht nach Sommerferien in Bella Italia, die vor allem mein südländisches Herz fast zerreisst. Es ist zwar ein schwacher Trost, aber wir sind nicht die Einzigen, die diese «Krankheit des schmerzlichen Verlangens» nach Italien verspüren. Schon Goethe kannte dieses Gefühl, als er vom «Land, wo die Zitronen blühn» schwärmte. Auch Generationen von Schweizerinnen und Schweizern erhielten in ihrer Jugend eine süchtig machende Dosis Italianità verpasst und kennen dieses brennende Verlangen, das durch die ersten Ferien am Meer, den ersten Ferienflirt, die italienische Musik und nicht zuletzt durch die italienische Küche geprägt wurde.

Kennen Sie diese Italien-Sehnsucht auch?

TIERFAMILIE

Traditionelle Familie, Patchwork-Familie, Grossfamilie, Einelternfamilie, Stieffamilie, Pflegefamilie, gleichgeschlechtliche Familie oder (wie die unsere) binationale Familie – es gibt heute eine Vielfalt an etablierten Familienformen. Auf eine besondere Familienform bin ich kürzlich aufmerksam geworden. Sie stammt zwar aus dem Tierreich, ist aber nicht minder spannend. Zumindest für mich als Frau und Mutter. Bei den Elefanten geben die Weibchen den Ton an. Bei diesen Tieren gilt das Konzept des Matriarchats. Das wusste ich zwar schon, habe mir aber nie Gedanken gemacht, wie sich ein Elefanten-Familienleben innerhalb dieses Konzepts abspielt. In der Elefantenfamilie gibt es immer eine Chefin. Sie kennt sämtliche Wege zu Weidestellen und Wasserlöchern. Die Leitkuh ist weise und entscheidet als Anführerin, wo es langgeht.

Gleichzeitig ist sie auch der Anker der Elefantenfamilie und stellt sich bei Gefahr als Erste schützend vor ihre Herde. Die Elefantenfamilie besteht typischerweise nur aus Weibchen, die alle miteinander verwandt sind: Schwestern, Mütter, Töchter, Cousinen und Enkelinnen. Die Bullen sind zwar als Jungtiere noch Teil der Familie, doch kurz vor der Geschlechtsreife werden sie aus der Gruppe verstossen, ziehen als Einzelgänger von dannen und kommen auch später nur zur Paarungszeit wieder vorbei. Derweil bleiben die Weibchen ihr Leben lang in ihrem Familienbund. Über ein Jahr säugen die Mütter ihre Kinder. Die jüngeren Geschwister und Cousinen unterstützen sie als Babysitter und Erzieherinnen. Besonders beeindruckend: Elefantenfamilien sind nicht nur Zweckgemeinschaften, sondern unterstützen und vertrauen sich. Man sagt, dass sie sich sogar gegenseitig trösten und umeinander trauern.

So gut dieses Familienmodell in meinen weiblichen Ohren tönt und so modern es auch ist: Wie in den besten Familien kommt es auch bei den Elefanten zu Knatsch. In dieser Beziehung sind sich alle Familienformen letztlich gleich.

HEARTBEATS

Wie wunderbar – dieses Jahr fand wieder eine halbwegs normale «Letzi Band Night» der Musikschule statt! Mit Besucherzahlbeschränkung und Zertifikatspflicht zwar, aber immerhin war es uns Eltern dieses Mal wieder möglich, den Rockband-Auftritt unseres Jüngeren live vor Ort und nicht nur über Video mitzuverfolgen. Ein in mehrfacher Hinsicht schönes Erlebnis.

Zum einen stellen Kinder ihr Können gerne unter Beweis und wollen an Konzerten ihren Eltern, Geschwistern oder Freunden stolz zeigen, was sie im Musikunterricht gelernt und mit ihrer Band alles erreicht haben. Die Anwesenheit ihrer Familie bei ihren Auftritten empfinden sie als Ehrerweisung. Alleine deswegen gehören für mich Schülerkonzertbesuche seit jeher zu Fixpunkten in unserer Familienagenda. Zum anderen stellt der Besuch von Schülerkonzerten für mich schon fast eine Art «Ausgang» dar. Was man da geboten bekommt, gerade bei älteren Kids, die schon länger ein Musikinstrument spielen, kommt einem «richtigen» Rock-Konzert sehr nahe.

Doch was mein Erlebnis dieses Mal besonders schön gemacht hat, war zu sehen, wie sich all diese Kids, die ich teilweise seit der Krippenzeit kenne, innert kürzester Zeit gemacht haben. Wie sie vom einen auf den anderen Tag in die Höhe geschossen sind, ihren eigenen Style entwickelt haben und selbstbewusst geworden sind. Wirkten sie an ihren Band-Auftritten noch bis vor Kurzem eher verhalten und etwas verschämt, tauchen sie unterdessen voll und ganz in ihre Musik ein, schrummen auf ihren Gitarren wie die Grossen und wagen erste Headbangs ganz nach dem Stil ihrer Idole. Ein herrlicher Anblick, der mich zu ihren rhythmischen Gitarrenriffs nicht nur von Kopf bis Fuss in Bewegung versetzte, sondern vor allem mein stolzerfülltes Mamma-Herz höherschlagen liess!

OH, HAPPY DAY!

Glücksspiele sind überall auf der Welt beliebt. Ob Würfel- oder Pokerspiele, Roulette oder einarmige Banditen, Wetten, Lotto oder Rubellose – jedes Land hat seine Vorlieben. Zu den glücksspielverrücktesten Ländern der Welt zählen laut einem Ranking von H2 Gambling Capital Australien, Singapur, Irland, Kanada und Finnland. Dicht gefolgt von Italien und Spanien.

Kein Italiener, der nicht regelmässig bei «SuperEnalotto» spielt, keine Spanierin, die vor Weihnachten nicht bei «El Gordo» mitmacht. Wen wundert's, denn bei diesen Lotterien werden Gewinne in Milliarden Euro ausbezahlt. Die spanische Lotterie «El Gordo» – der Dicke – wurde vor mehr als 200 Jahren ins Leben gerufen und gilt als die älteste und wegen der ausgespielten Gesamtsumme auch als die grösste Tombola der Welt. Die beliebte italienische Lotterie «SuperEnalotto» steht dieser in nichts nach und hat schon ein paar Mal die grössten Jackpots in Europa gestellt. Kann man es mir verübeln, dass meine italienisch-spanische Herkunft diesbezüglich ihre Spuren hinterlassen hat und auch ich dem Glücksspiel frönen mag? Doch keine Angst – ich mache das nur während der Adventszeit, nicht einmal für mich und ganz nach Schweizer Manier. Hierzulande haben in Sachen Glücksspiellieblinge nämlich Lose die Nase vorn. Sehr beliebt sind die «Happy Day»-Lose, mit denen man ein paar Mal im Jahr bis zu einer Million Franken gewinnen kann.

Zwei solcher Lose habe ich den Jungs als Überraschung in ihre Teenager-Adventskalender gesteckt. Zwar haben sie damit bei der Dezember-«Happy Day»-Verlosung keine Million gewonnen, doch wir haben einmal mehr einen gemütlichen Familienabend vor dem Fernseher verbracht. Ein Glück, das mir in der sich immer deutlicher manifestierenden Loslösungsphase unserer Jungs von uns Eltern viel mehr bedeutet als jeder noch so hoch dotierte Lotteriegewinn.

NACHWORT/DANK

«Du musst ein Buch schreiben», sagten mir meine Eltern immer wieder. «Ein Buch, in dem du über unser Leben als Immigranten in der Schweiz, über deine Kindheit und Jugend als Seconda im Glarnerland und über dein eigenes Familienleben in Zürich erzählst. Es gibt so viel Wichtiges, Spannendes und Schönes zu berichten.»

Geschrieben habe ich zwar kein Buch im eigentlichen Sinne, sondern für das Tagblatt der Stadt Zürich über ein Jahrzehnt lang mehr als fünfhundert Episoden aus meinem bunten und bewegten Familienleben in Form von wöchentlichen Kolumnen verfasst. Die Texte, die mir am meisten bedeuten, durfte ich zu diesem Buch zusammenfassen. Wie einzelne Mosaiksteine fügen sie sich Seite um Seite zu einem Bild zusammen, das meine Herkunft, mein Leben zwischen zwei Kulturen, meine Persönlichkeit und die Auswirkungen auf mein Familienleben widerspiegelt und stellenweise sinnbildlich für das Leben von vielen Secondos in der Schweiz steht.

Dieses Herzensprojekt konnte ich nur dank der Unterstützung vieler lieber Menschen realisieren. Ich danke Markus Hegglin, Andy Fischer und Lucia Eppmann, Chefredaktor:innen beim Tagblatt der Stadt Zürich, dass sie mir ihr Vertrauen geschenkt und die Möglichkeit gegeben haben, meine Familiengeschichten über eine so lange Zeit hinweg zu erzählen. Genauso danke ich den Leser:innen des Tagblatts der Stadt Zürich für ihre Treue und für den regen Austausch über all die Jahre.

Ein besonderer Dank geht an Gaby Ferndriger, die ich aus meiner Schulzeit kenne. Sie hat vom ersten Augenblick an an dieses Projekt geglaubt und stellt mit ihrem Verlag elfundzehn die für mich perfekte Brücke zu meiner alten Heimat dar. Ich danke Julie Hitz für ihre kompetente Unterstützung beim Lektorat, Urs Bolz für das gelungene Cover-Design und Leo Kühne, mein ehemaliger Sportlehrer, für die witzigen Illustrationen, die nicht treffender sein könnten. Ein herzliches Danke geht auch an zwei starke, engagierte Frauen – Corinne Mauch, Stadtpräsidentin von Zürich, und Marianne Lienhard, Landamman des Kanton Glarus, – für ihre wertschätzenden und unterstützenden Vorworte, die mir sehr viel bedeuten.

Und selbstverständlich geht mein grösster Dank an meine Liebsten: an meinen Vater, der mich inspiriert und motiviert hat und in meinem Buch weiterlebt, an meine Mutter, die mich heute noch in allen nur erdenklichen Belangen unterstützt, und allen voran an meinen geliebten Mann, der mir für all meine Projekte den Rücken freihält und zusammen mit unseren zwei liebenswerten Rabauken von Jungs den Stoff für meine Texte liefert. Ohne meine drei Männer gäbe es DIE ANGELONES nicht.

DIE AUTORIN

Rita Angelone wurde 1968 als Seconda im Glarnerland geboren, wo sie ihre Kindheit und Jugend verbracht hat. Berufsbedingt ist sie nach Zürich gezogen und lebt heute mit ihrer Familie direkt am Fusse des Üetlibergs. *Die Angelones – Pasta, Fussball und Amore* ist ihr erstes Best of ihrer über 500 Familienkolumnen, die sie über ein Jahrzehnt lang für das Tagblatt der Stadt Zürich verfasst hat. Die Betriebswirtschafterin ist als Kolumnistin und Bloggerin schweizweit bekannt und beliebt. Ihr Blog zählt zu den bedeutendsten Schweizer Familienblogs und wird in entsprechenden Rankings stets top bewertet. Weitere Informationen zur Autorin und ihrem Blog unter Dieangelones.ch

AUS DEM ELFUNDZEHN VERLAG

Waschen, legen, föhnen und die Seele massieren. Das war jahrzehntelang das Metier von Jürg Oschwald. Weil sein Coiffeursalon im Reichenmekka Engadin liegt, ist die Kundschaft sehr speziell – oft berühmt, manchmal verrückt, immer anspruchsvoll. Eines Tages pfeift der Figaro auf Locken und Flausen. Er lässt ein Boot bauen, schliesst die Ladentüre und fährt los. Doch die Menschen aus seinem Figaro-Leben kommen unbemerkt mit an Bord. Die Geschichten holen ihn an den überraschendsten Orten rund ums Mittelmeer wieder ein. Und mit jedem Kilometer und jedem überstandenen Abenteuer werden aus Dämonen allmählich Freunde.

Jürg Oschwald
Leinen los
St. Moritz, das Meer
und die Haare
der High Society
Autobiografie
216 Seiten, Gebunden
14 x 19 cm
ISBN 978-3-905769-56-2

AUS DEM
ELFUNDZEHN VERLAG

Eine junge Schweizerin auf den Filmsets der 1960-er und 1970-er Jahre, gut bekannt mit allen, die damals Rang und Namen hatten: Michelangelo Antonioni, Monica Vitti, Pier Paolo Pasolini, Alberto Moravia. Sie erobert die Welt des Films von Rom bis Berlin, wird Regieassistentin, steigt auf zur Regisseurin, Schauspielerin und spielt als «Bella Bionda» die Hauprolle im ZDF-Film «Flucht nach vorne». Der schonungslose Bericht einer selbstbestimmten Frau ist auch ein ehrliches Selbstzeugnis: ihr Leben und ihre Lieben, ihre Sehnsüchte, Ängste, ihre Träume und ihre Zweifel. Das starke Buch einer starken Frau – und ein grossartiges Lesevergnügen.

Yvonne Escher
**Diese Freiheit
nehm ich mir**
Aufzeichnungen einer
selbstbestimmten Frau
Autobiografischer Roman
240 Seiten, Gebunden
14 x 19 cm
ISBN 978-3-905769-53-1